Ueber

die Zusammenlegung der Grundstücke

in der Preußischen Rheinprovinz,

verbunden

mit einer Darstellung der Nassauischen Consolidationen

und

der Preußischen Special=Separationen.

Von

Th. Wilhelmy,
Königl. Preuß. Regierungsrath.

Mit 5 Charten.

Berlin.
Druck und Verlag von Georg Reimer.
1856.

Vorwort.

Ueber die Entstehung dieser Schrift giebt der Eingang derselben Auskunft. Sie hat den Zweck, die wichtige Culturmaßregel der Zusammenlegung der Grundstücke für die Rheinprovinz vorzubereiten. Ihr und vorzugsweise deren landwirthschaftlichen Vereinen ist sie gewidmet. Ich knüpfe an sie die Hoffnung, daß man die Consolidationsfrage in der Rheinprovinz mit neuer Lebhaftigkeit aufnehmen wird. Durchdrungen von der Ueberzeugung der unendlichen Heilsamkeit der Maßregel, würde mich ein Erfolg glücklich machen.

Die Schrift entwickelt die beiden sich gegenüber stehenden Systeme des Nassauischen und Preußischen Verfahrens. Man kann das erstere das Parzellen-System nennen. Es geht von dem Wandelbesitz aus, legt den Grundbesitz nur in den einzelnen Lagen der Feldmark, — der ursprünglichen Vertheilung des Grund und Bodens sich anschließend, — zusammen, bestimmt für die neuen Parzellen die Untheilbarkeit und legt ein besonderes Gewicht auf die allgemeine Feldregulirung, für deren Erhaltung durch die Untheilbarkeit der Parzellen Vorsorge getroffen wird.

Das Preußische Verfahren hingegen, das man nach der gewöhnlichen Bedeutung des Wortes: „Verkoppeln", d. h. Verbinden, zusammenlegen, das Verkoppelungssystem nennen kann, geht von dem Hofbesitz aus, und legt die

Ländereien desselben, die rechtlich ein Ganzes bilden, auch möglichst reell zusammen, ohne die Theilbarkeit desselben zu beschränken, und gleichfalls allgemeine Meliorations-Anlagen, als Herstellung von Wegen, Be- und Entwässerungs-Anlagen u. s. w., damit verbindend.

Dieses System wendet das Preußische Verfahren in gleicher Weise auch auf den Wandelbesitz, der die einzelnen Grundstücke in keine Verbindung mit der Hofesstätte setzt, an und bauet in dem erhöhten Werth, den die zusammengelegten Grundstücke durch die Zusammenlegung selbst erhalten, zugleich einen Damm gegen die fernere Parzellirung derselben auf.

Die Schrift untersucht, welchem System für die Rheinprovinz der Vorzug zu geben sei; sie geht darin auf die bäuerlichen Güterverhältnisse derselben ein und prüft, welchen Einfluß die daselbst immer bestandene Theilbarkeit des Grund und Bodens auf den Umfang der Besitzungen gehabt habe. Sie weist den Vorwurf zurück, daß in der Rheinprovinz da, wo es die örtlichen Verhältnisse gestatten, eine gefahrdrohende Verkümmerung jener Besitzungen eingetreten sei. Sie hofft, mit der reellen Zusammenlegung der Grundstücke nach Preußischem Verfahren der beklagenswerthen reellen Zersplitterung des Grund und Bodens auch für die Zukunft wirksam entgegentreten zu können. Die rechtliche Ungebundenheit des Grundbesitzes, die der Stammessitte der Rheinländer von Ursprung her immer eigenthümlich gewesen ist, bleibt dabei unberührt.

Münster, den 28sten März 1856.

Wilhelmy.

Inhalt.

Die Bonner General-Versammlung des landwirthschaftlichen Vereins für Rheinpreußen im September 1853 hatte sich durch Majoritäts-Beschluß gegen die Einführung eines Consolidations-Gesetzes, d. h. eines Gesetzes zum Zweck der Zusammenlegung der Grundstücke wegen zerstreuter Lage derselben, in der Rheinprovinz ausgesprochen.

Dies ist der Grund dieser Schrift, die den Zweck hat, jene Frage durch eine eingehende Betrachtung ihrem Verständniß näher zu bringen.

§. 1.

Ist ein Consolidations-Gesetz für die Rheinprovinz Bedürfniß?

In der Rheinprovinz, soweit darin der fränkische Stamm seßhaft ist, also mit Ausschluß etwa des clevischen, hat von Altersher das sogenannte freie Agrarsystem, der Parzellar- oder Wandel-Besitz, gegolten.

Die Ländereien der bäuerlichen Besitzer auf der Feldmark stehen in keinem rechtlichen Verbande mit der Hof- oder Solstätte im Dorfe, sie sind stets von einander getrennte Stücke gewesen, welche ohne Rücksicht auf Staats- und Communal-Lasten und ohne Rücksicht auf gutsherrliche und andere Gefälle der freien Veräußerung und den gemeinen Successions-Rechten unterworfen und dabei ohne Einschränkung theilbar waren und noch sind.

Es ist dadurch eine große Vermehrung der ländlichen Besitzungen, aber auch eine große Zersplitterung des Grund und Bodens derselben eingetreten.

Erstere, die Vermehrung der ländlichen Besitzungen aus der rechtlichen Theilbarkeit und Ungeschlossenheit der Güter folgend, erachte ich für seegensreich; letztere, die Zersplitterung der Grundstücke, aus der reellen Theilbarkeit des Grund und Bodens fließend, für unheilvoll.

Die Theilbarkeit der Güter in den Gegenden des parzellirten Grundbesitzes wird man nicht antasten. Unsere Gesetzgebung hat sie längst auch für die östlichen Provinzen, wo früher das System der geschlossenen Güter existirte, eingeführt.

(vid. den folgenden §.)

Der Zersplitterung des Grund und Bodens aber erscheint eine Abhülfe durch Zusammenlegung der Grundstücke dringend nothwendig.

Ursprünglich war wohl fast überall der Grund und Boden in den Gemarkungen gleichmäßig unter die Bewohner des Dorfes nach Maßgabe des Umfangs ihrer Besitzungen getheilt. Die Feldmarken hatten eine bestimmte Anzahl Fluren, gewöhnlich drei, und diese waren wieder nach Lage und Beschaffenheit des Bodens in Gewannen getheilt. In jedem Felde und jeder Gewanne besaß der Bauer 4, 2 oder wie viel Stücke. *)

Diese gleichmäßige Vertheilung ist im großen Ganzen in denjenigen Gegenden, in denen das System der geschlossenen Güter bestand und bis in die neueste Zeit durch Sitte resp. rechtlichen Verband der einzelnen Stücke mit der Solstätte factisch sich erhalten hat, noch heut zu Tage vorhanden, es sei denn, daß daselbst, was allerdings zum größeren Theil schon der Fall ist, eine Zusammenlegung der Grundstücke stattgefunden hat.

Wo dies nicht der Fall ist, da hat noch jetzt der Vier- resp. Zweihüfner oder Vollbauer resp. Halbspänner 4 resp. 2 Stücke in jeder Gewanne oder Lage. Diese waren unablöslich an das

*) Vide die Territorien von Dr. Georg Landau. Seite 32. Hamburg. 1854.

Gut gebunden und konnten daher nicht getheilt werden. Sie haben immerhin eine einigermaßen angemessene Größe und Form. Das Princip der ursprünglichen Vertheilung führte es jedoch mit sich, daß auch dort eine große Anzahl von Parzellen war, denn, faßte die Feldmark z. B. 20 oder 30 Gewannen, so besaß ein Vierspänner 80 bis 120 Parzellen, — viel zu viel, um den Anforderungen der neueren Landwirthschaft, die einen intensiven Betrieb verlangt, Genüge leisten zu können.

Wie viel schlimmer muß es nun in der Rheinprovinz stehen.

Hier hat die Theilbarkeit der Güter und des Grund und Bodens jene gleichmäßige Vertheilung desselben längst aufgehoben *). Jene ursprünglichen Klassen-Unterschiede der bäuerlichen Besitzer, die vielleicht auch hier existirt haben, sind jedenfalls so verwischt, daß sie historisch nicht mehr nachweisbar sind. Die Grundstücke sind in immer kleinere Streifen zersplittert worden. Um bei Erbschaftstheilungen nicht zu kurz zu kommen, findet man fast überall die Unsitte, daß jedes Stück, das zur Erbschaft gehört, in so viele Theile getheilt wird, als Erben vorhanden sind. Die in Folge der Vertheilung nach Fluren und Gewannen schon immer erhebliche Zahl von Parzellen ist dadurch in der Rheinprovinz ins Unendliche vermehrt worden. Dabei sieht man selten auf eine einigermaßen angemessene wirthschaftliche, der Abwässerung zuträgliche Form. Von einem besonderen Zugang kann schon darum keine Rede sein, weil das ursprüngliche Stück, die Mutterparzelle, selbst keinen solchen besaß.

Man findet dort Stücke so schmal, daß man sie mit Einem Schritt überschreiten kann, daß sie nicht mehr beackerungsfähig sind.

So kleine Wiesen findet man dort, daß der ganze Heuertrag mit Einem Male von einer Frau in der Schürze fortgetragen wird. Die Besitzer kennen oft selbst die Grenzen nicht.

*) Vide die oben citirten Territorien von Landau. Seite 38.

Nach amtlichen Nachrichten, die ich durch Vermittelung der General-Inspection des Grundsteuer-Katasters von Rheinland und Westphalen eingezogen, sind an steuerbaren Grundstücken nach den Kataster-Zusammenstellungen pro 1854 vorhanden:

im Regierungs-Bezirk	Morgen	Parzellen
1) Trier	2,477,598	3,873,222
2) Coblenz	2,126,185	4,322,358
3) Aachen	1,458,449	1,384,729
4) Cöln	1,431,499	1,979,749
5) Düsseldorf	1,955,316	1,033,449
überhaupt in der Rheinprovinz	9,449,047	12,593,507.

Es kommt hiernach auf eine Parzelle nur ³/₄ Morgen.

Leider sind bei dem Grundsteuer-Kataster keine Zusammenstellungen der Morgen- und Parzellenzahl nach den verschiedenen Kultur-Arten vorhanden. In den obigen Zahlen stecken die mehr oder minder zusammenhängenden Wald-, Oede- und Hude-Ländereien. Könnte man diese von den eigentlichen Aecker- und Wiesen-Ländereien abziehen, so würde sich eine noch viel größere Zersplitterung ergeben. Wie weit diese in einzelnen Kreisen resp. Verbänden geht, ersieht man aus folgenden amtlichen Notizen:

Im Jahre 1834 enthielten: der Verband Schöffengrund im Kreise Wetzlar 29,979 Morgen und 103,177 Parzellen, also 1 Parzelle etwa ¹/₃ Morgen, ferner der Verband Münstereifel (Eifelgemünde) 44,628 Morgen und 102,556 Parzellen, folglich 1 Parzelle etwa ²/₅ Morgen, ferner der Verband Mümbrecht im Kreise Gummersbach 39,423 Morgen und 115,307 Parzellen, folglich 1 Parzelle etwa ¹/₃ Morgen, und folgende Kreise im Regierungsbezirke Trier:

	Morgen	Parzellen
a. Daun	238,825	447,093
b. Wittlich	250,895	428,256
c. Berncastel	261,021	481,268
d. Saarburg	177,186	235,147.

Rechnet man diese zusammen, so fallen 1,591,764 Parzellen auf 927,927 Morgen, folglich $^3/_5$ Morgen auf 1 Parzelle.

Aber auch hier stecken die dem Staate und den Gemeinden zugehörigen Waldungen „in großen Massen" darunter.

Rechnet man diese ab, so bleiben nach einer amtlichen Zusammenstellung pro 1854:

	Morgen	Parzellen
a) im Kreise Daun	177,894	487,423
b) „ „ Wittlich	176,348	471,577
c) „ „ Berncastel	152,032	512,449
d) „ „ Saarburg	133,149	277,309
zusammen =	639,423	1,748,758.

Es kommt somit auf 1 Parzelle nur etwa $^1/_3$ Morgen, und dies dürfte, wenn ich von dem Hofbesitz und den Wald- und Hude-Ländereien absehe, wohl überhaupt das richtige Verhältniß für den parzellirten Acker-, Wiesen- und Gartenbesitz in der Rheinprovinz sein.

Wird nun von den kleineren Besitzungen abgesehen, so möchten auf einen bäuerlichen Grundbesitzer mittlerer Größe 30 bis 40 Morgen kommen.

(vid. den folgenden §.)

Diese besitzt er nach dem obigen Maßstab und wie ich aus eigener Anschauung bestätigen kann in hundert Parzellen und mehr, welche an allen Ecken und Enden der Gemarkung zerstreut liegen.

Es springt in die Augen, welche unendliche Zeit und Arbeitskraft bei der Bestellung und Aberndtung dieser Hunderte von kleinen, mit schlechten oder gar keinen Wegen versehenen Parzellen verschwendet werden muß.

Auf den gebirgigen Plateaux der Eifel, zum Theil des Hundsrücks, des Westerwaldes, zwischen der Sieg und Ruhr, tritt nicht selten der Fall ein, daß der Landmann mit der Bestellung des dort im Allgemeinen schweren und nassen Ackers nicht fertig wird und wegen Mangels an Spannvieh zuweilen $1/6$ bis $1/4$ seiner Ländereien dreisch liegen lassen muß.

Wenn schon in den östlichen Provinzen, einschließlich Westphalens, der Seegen der Zusammenlegungen überall, wo dieselben Eingang gefunden haben, hoch gepriesen wird, wie viel mehr würde dies in der Rheinprovinz, wo die eben geschilderten Zustände die Consolidation des Grundbesitzes viel dringlicher erheischen, der Fall sein, wenn man sich nur dazu entschließen wollte, die Vortheile derselben anzunehmen. *)

Aber es ist hier nicht blos von Vortheilen die Rede. Neben der Zerstückelung fordert die Zugangslosigkeit der Grundstücke mit Nothwendigkeit eine Aenderung des vorhandenen Zustandes. Die französische Gesetzgebung, mit dem Princip der Freiheit des Grundeigenthums die Freiheit der Bewirthschaftung desselben statuirend, ist den Anforderungen der neueren Landwirthschaft gewichen, ohne irgend wie den Uebergang von dem alten in den neuen Zustand zu vermitteln.

Wie die ursprüngliche Vertheilung des Grund und Bodens gleichmäßig war, so war auch die Bestellung und Benutzung desselben gleichmäßig.

Die Bewirthschaftung geschah nach Feldern. Das Winterfeld war mit Roggen und Waizen, das Sommerfeld mit Gerste und Hafer besaamt. Die Brachflur wurde gebracht. Nach der Aberndtung wurden die Felder gleichmäßig der gemeinsamen Behütung geöffnet, vor der Bestellung wurden sie derselben gleichmäßig verschlossen. Die gemeinsame Hudebenutzung führte den Flurzwang mit sich.

Bei dieser Gleichmäßigkeit der Bewirthschaftung war es hin-

*) In dem Bericht des landwirthschaftlichen District-Vereins des Eichsfeldes für das Jahr 1855, von dem Regierungs-Assessor Beck zu Heiligenstadt sind die großen Nachtheile der Zersplitterung und die großen Vortheile der Zusammenlegung auf Seite 52 bis 108 treffend zusammengestellt.

reichend, wenn nur einige Hauptwege nach den verschiedenen Hauptrichtungen in die verschiedenen Fluren oder Felder führten.

Für die einzelnen Gewannen und Grundstücke bedurfte es keiner Zugänge.

Durch die Einführung des Baues der Hackfrüchte und der Futterkräuter in Verbindung auch mit der Zunahme der Bevölkerung war der Flurzwang mit seiner gleichmäßigen Bestellung der Felder und der gemeinsamen Benutzung derselben zur Weide unhaltbar geworden.

Die Hackfrüchte ersetzten die Brache, die Futterkräuter die Sommerweide. Die rationelle Landwirthschaft forderte die Abschaffung der Dreifelderwirthschaft und die Einführung der Sommer-Stallfütterung.

Preußens weise Regenten haben früh der Landes-Cultur-Gesetzgebung ihre landesväterliche Fürsorge zugewendet. Schon Friedrich der Große ordnete die Gemeinheits-Theilungen an.

Die Gemeinheits-Theilungs-Ordnung vom 7ten Juni 1821 gestattet Jedem, dessen Grundstücke der gemeinschaftlichen Behütung unterliegen, kraft der Theilungsklage die Ausscheidung seiner Grundstücke, und um die Hütung der in Gemeinschaft verbleibenden Grundbesitzer nicht zu stören, die Zusammenlegung derselben und die Ausweisung besonderer Zugänge für die neuen Grundstücke zu verlangen.

Auf diesem natürlichen den bestehenden Rechtsgrundsätzen sich anschließenden Wege hat man in demjenigen Theil unseres Vaterlandes, in dem das Allgemeine Landrecht gilt, die alten Verhältnisse gelöst und die Zusammenlegung der Grundstücke herbeigeführt, die es möglich macht, durch freie Bewirthschaftung der letzteren sich die Vortheile einer rationellen Schlagwirthschaft anzueignen.

Anders die französische Gesetzgebung!

Das Rural-Gesetz vom 28sten September und 6ten Oktober 1791, das auch auf dem linken Rheinufer Gesetzeskraft erhalten hat, verkündigte in Artikel 1 mit einer Art Emphase die Freiheit des Grundeigenthums:

„Le territoire de la France, dans toute son étendue, est libre comme les personnes, qui l'habitent,"

und bestimmte in Artikel 2 und 4, daß Jeder seine Grundstücke beliebig benutzen und der gemeinsamen Behütung durch Einfriedigung entziehen könne.

Aehnliche Bestimmungen sind in Artikel 537, 544, 647 und 648 des code civil enthalten und haben mit diesem auch auf der rechten Rheinseite, so weit dort französisches Recht gilt, Gesetzeskraft erhalten.

Mit jenen Vorschriften hatte man zwar den Flurzwang und die rechtliche Existenz der Koppelhuden gesetzlich aufgehoben, aber die Freiheit der Bewirthschaftung keineswegs erzielt, sondern die Verwirrung nur noch gesteigert.

Die Koppelhuden werden in Folge Ortsgebrauchs, wenigstens auf den Höhezügen der Gebirge, fortgesetzt, jedoch durch willkührliche Einfriedigungen gestört. Eine rationelle Schlagwirthschaft ist bei dem hundertfältig getheilten Grundbesitz dem Landwirth nicht möglich. Die wenigen Feldwege genügen nicht.

Zwar bestimmt der code civil in Artikel 682, daß Jeder, dem der Zugang fehle, seinen Weg über des Andern Grundstück, etwa gegen Entschädigung, nehmen dürfe.

Allein dadurch ist der Hinterliegende nicht frei geworden.

Er bleibt an die Fruchtfolge des Vorliegenden gebunden.

Ebenso ist dieser genirt, wenn er sich nicht seine Ackerfurchen oder Saaten verderben lassen will. Wird gegenseitig keine Rücksicht beobachtet, so entstehen Prozesse der ärgerlichsten Natur.

Die Entschädigungs-Ansprüche sind in den meisten Fällen illusorisch, denn bald ist der Eine bald der Andere Vor- oder Hinterliegender und Einer braucht den Andern.

Ohne selbstständige Zugänge ist die Freiheit der Bewirthschaftung factisch unmöglich.

Von den wenigen vorhandenen Wegen können jene zu den in bunter Zerstreutheit umherliegenden Parzellen nicht ausgewiesen werden, und es bleibt daher nichts als eine Umlegung der Grundstücke übrig, um aus dem trostlosen Zustande der Verwirrung, in dem sich der Grundbesitz in der Rheinprovinz befindet, herauszukommen.

Der oben geschilderte Zustand der Zersplitterung und Zuganglosigkeit der Grundstücke existirt in gleicher Weise in den früher Nassauischen Landestheilen, dem s. g. Ostrhein des Regierungs-Bezirks Coblenz, wo gemeines Recht gilt.

In den landrechtlichen Kreisen der Rheinprovinz, Rees und Duisburg gilt bereits die Gemeinheits-Theilungs-Ordnung vom 7ten Juni 1821.

Auch wäre dort, gleich wie in dem linksrheinischen Theil des Herzogthums Cleve, wo das Kolonatsystem vorherrschend ist und die einzeln gelegenen Höfe mit den sie umgebenden Ländereien, trotz dem Einflusse der französischen Gesetzgebung, — kraft der Rechtssitte der Sachsen, die dort seßhaft sind — sich erhalten haben, für ein Consolidations-Gesetz kein Bedürfniß vorhanden.

§. 2.

Einwendungen gegen die Einführung eines Consolidations-Gesetzes in der Rheinprovinz.

Wenn man die Verhandlungen der Bonner General-Versammlung, welche Seite 49 bis 92 des 1854ziger Jahrgangs der Zeitschrift des landwirthschaftlichen Vereins für Rheinpreußen abgedruckt sind, durchliest, so findet man hauptsächlich 2 principielle Einwürfe, welche der Einführung eines Consolidations-Gesetzes in der Rheinprovinz entgegenstehen sollen:

1) in der zwangsweisen Zusammenlegung der Grundstücke liege ein Eingriff in das Eigenthum, der das Rechtsgefühl der Rheinländer auf eine unerträgliche Weise verletzen würde, und
2) die Zusammenlegung der Grundstücke werde die Aufhebung

der von Altersher in der Rheinprovinz geltenden Theilbarkeit des Grundbesitzes und des freien Verfügungsrechts darüber nach sich ziehen.

Der erste Einwand ist kein spezifisch-rheinischer. Man fühlt überall den Schmerz, den die Entziehung der terra avitica hervorbringen muß, und zwar doppelt stark, wenn die Anhänglichkeit an dieselbe so groß ist, wie dies in Westphalen und den östlichen Provinzen der Fall ist.

Ein Eingriff in das Eigenthum liegt allerdings in der zwangsweisen Umlegung der Grundstücke. Allein es ist ein Rechtsgrundsatz, der uralt ist und den alle Nationen angenommen haben, daß neben der Unverletzlichkeit des Eigenthums die Enteignung desselben zum allgemeinen Besten gegen Entschädigung zulässig sei.

Das rheinische Civil-Gesetzbuch Artikel 545 *) hat ihn auch und die Verfassung hat ihn neuerdings sanctionirt. Unsere ganze Ablösungs-Gesetzgebung beruht darauf.

Die zwangsweise Ablösung der Reallasten aber ist bei weitem mehr eine Expropriation als die zwangsweise Zusammenlegung der Grundstücke, denn der Berechtigte muß sich zum Zweck der Auflösung des gutsherrlich-bäuerlichen Verbandes und der Herstellung der Freiheit der Person und des Grundeigenthums die Entziehung seiner Gerechtsame gegen Geld- resp. Werthspapiere auf den Inhaber gefallen lassen.

*) Uebrigens haben die westlichen Staaten, ganz abgesehen davon, daß Frankreich seine Reallasten und den Flurzwang mit revolutionärer Nichtachtung aller entgegenstehenden Berechtigungen abgeschafft hat, viel tiefer das Eigenthum verletzende Landescultur-Gesetze, als die Zusammenlegung der Grundstücke, die immer mit der allersorgfältigsten Beachtung aller wirthschaftlichen Interessen der Grundbesitzer selbst geschehen muß. Ich erinnere nur an das französische Gesetz: „loi relative aux desséchements des marais etc." vom 16ten September 1807, das auch auf dem linken Rheinufer der Rheinprovinz gilt, und an das belgische Gesetz: „loi sur le défrichement des terrains incultes" vom 25sten März 1847.

Die zwangsweise Zusammenlegung der Grundstücke ist zwar auch eine Expropriation im großartigsten Maßstabe, aber sie ist nicht bloß gerechtfertigt durch die außerordentlichen Landescultur-Vortheile, die sie bringt, sondern sie unterscheidet sich noch in sehr bestimmter Weise von Expropriationen gewöhnlicher Art dadurch, daß sie nicht nur vollständige Entschädigung gewährt, sondern für das abgetretene Land statt Geld wieder Land und dieses in besserer Gestalt giebt, und daß sie nicht nur zum Besten der Landescultur, sondern wesentlich zugleich zum unmittelbaren Besten der Expropriirten selbst geschieht. *)

Die Zusammenlegung endlich wird nicht gegen den Willen aller Interessenten eingeleitet, sondern man hat, wenn dieselbe wegen zerstreuter Lage der Grundstücke eintreten soll, in der Regel den Beschluß der Majorität der betheiligten Grundbesitzer abgewartet.

Man kann annehmen, daß, wenn die Mehrzahl der letzteren die Zusammenlegung der Grundstücke verlangt, das Bedürfniß dazu wirklich gekommen sei, und es wäre Unrecht, eine Maßregel, die so heilbringend ist, an dem Widerspruch einer Minorität scheitern zu lassen.

Der Zwang wird nur gegen letztere geübt.

Ist aber die Consolidation einmal eingeleitet, dann wird sie gegen die Unzufriedenen, mögen diese mit der ersten Einleitung einverstanden gewesen sein oder nicht, unbedingt durchgeführt, es sei denn, daß sämmtliche Interessenten sie zurücknähmen.

(vid. §. 6.)

Was den zweiten Einwand betrifft, daß die Zusammenlegung der Grundstücke zur Aufhebung der Theilbarkeit derselben führen möchte, so ist schon im Eingange des §. 1. angedeutet worden, daß

*) In ähnlicher Weise haben die Hannöverschen Stände, auf deren Antrag das Verkoppelungsgesetz erlassen wurde, und die hannöversche Regierung die Berechtigung zum Erlaß eines solchen Gesetzes begründet. (Vergleiche die unten allegirte Schrift von Seelig. Seite 23.)

diese Befürchtung ungegründet sei. Die Theilbarkeit des Grundeigenthums besteht jetzt für die ganze Monarchie.

Die Zusammenlegung der Grundstücke ist gegen die faktische Theilung des Grund und Bodens, nicht gegen die rechtliche Theilbarkeit des Grundbesitzes gerichtet.

Beide, die Theilbarkeit wie die Zusammenlegung, sind ein Ergebniß unserer Agrar- und Landescultur-Gesetzgebung und können somit nicht als feindliche Gegensätze betrachtet werden.

Während die Zusammenlegungen mit Energie durchgeführt wurden, wurde zugleich die Theilbarkeit und zwar selbst oder vielmehr gerade für den Hofbesitz eingeführt.

Der Hofbesitz ist dem sächsischen Stamme eigen, wie der Wandel- oder Parzellar-Besitz dem fränkischen.

Er war in früherer Zeit nicht bloß durch die Sitte, die den Hof als eine universitas juris anschaut und ungetheilt immer nur Einem der Erben giebt — woraus sich in der Regel besondere mannigfaltige Erbfolge-Rechte entwickelten — und durch den Real- und Hypotheken-Verband, der sich in solidarischer Weise über die zu dem Hof gehörigen Grundstücke und Pertinenzien erstreckt, sondern auch durch das Gesetz geschlossen.

Nichts destoweniger hoben die Edicte, betreffend den erleichterten Besitz des Grundeigenthums vom 9ten Oktober 1807 und zur Beförderung der Landescultur, vom 14ten September 1811, für diejenigen Provinzen, die damals den Bestand der Monarchie bildeten, und in denen abgesehen von den städtischen Feldmarken fast ausschließlich der Hofbesitz herrscht, die Geschlossenheit des letzteren auf, und gestatteten Jedem die Trennung der Radicalien und Pertinenzien von seinem Hofgute, überhaupt die freie Verfügung über seine Grundstücke, insofern nicht Rechte Dritter dem entgegenstehen.

Für die „regulirten" Höfe wurde durch das Regulirungs-Edict und die Deklaration vom 29sten Mai 1816 ausdrücklich die Vererbung nach allgemein geltenden Successions-Rechten eingeführt.

In Westphalen, wo das geschlossene Agrarsystem in den Einzelhöfen, dem sogenannten Kolonatsystem, seinen prägnantesten Ausdruck gefunden hat, ist man wohl am meisten einer besonderen die gemeinen Successions-Rechte ausschließenden bäuerlichen Erbfolge zugeneigt. Aber auch hier mußte das dahin zielende Gesetz vom 13ten Juli 1836 dem vom 18ten Dezember 1848, das „die bestehenden allgemeinen oder provinziellen Successions-Rechte" wieder einführte, weichen.

Durch das Ablöse-Gesetz vom 2ten März 1850 wurde die in den Provinzen Posen und westlich der Elbe dem Berechtigten noch zugestandene Befugniß, der Zerstückelung des mit Abgaben belasteten Grundbesitzes zu widersprechen, allgemein aufgehoben.

Zwar besteht der Artikel 42 der Verfassungs-Urkunde vom 31sten Januar 1850, der die Theilbarkeit des Grundeigenthums und das Recht der freien Verfügung darüber für den ganzen Umfang der Monarchie gewährleistet hatte, nicht mehr.

Aber wenn sonst die allgemeinen Grundsätze der Verfassung erst ihre Ausführung von der speciellen Gesetzgebung erwarten, so verhält es sich mit den ebengedachten Grundsätzen anders. Sie sind das Ergebniß einer Jahrhundert langen Arbeit unserer Agrargesetzgebung, die von dem Augenblick an, wo Friedrich Wilhelm I. durch die Dorf- und Ackerordnung vom 16ten Dezember 1702 die Leibeigenschaft auf den Königlichen Domainen aufhob, unermüdlich fortgearbeitet hat, die bäuerlichen Besitzer zu selbstständigen freien Grundbesitzern zu machen, sie von der niederdrückenden Last der Dienste- und Abgaben, sowie überhaupt von dem sie umschlingenden mehr oder weniger starken Unterthänigkeits-Verhältniß zu befreien, dagegen aber auch für die Entschädigung der Berechtigten zu sorgen, dadurch den großen Grundbesitz der Frohnd-Arbeit, die jede gedeihliche Entwickelung der Landwirthschaft auf den großen Gütern unmöglich machte, zu entziehen und ihm durch Freigebung der Entschädigungsgelder zu den Einrichtungskosten die Mittel zu verschaffen, durch zweckmäßige Einrichtung und durch Benutzung der neueren Erfindungen der Mechanik und der Naturwissenschaften der Landwirthschaft einen nie geahnten Aufschwung zu verleihen.*)

So ist in Preußen die Freiheit der Person und des Grundeigenthums erworben worden.**)

Und da müßten sehr zwingende socialpolitische Gründe vorliegen, wenn man die Consequenzen davon wieder aufheben wollte.

Nachdem durch die Agrargesetzgebung ein freies und uneingeschränktes Eigenthum hergestellt worden ist, so hat das Gesetz kaum die Berechtigung mehr, dem Besitzer das freie Verfügungs-Recht zu verkümmern.

Mißbrauch, der damit getrieben worden ist, hat freilich die Besorgniß wach gerufen, daß fortgesetzte Theilungen zuletzt jeden kräftigen Bauernstand vernichten möchten.

Aber diese Befürchtung, wäre sie gegründet, rechtfertigt nicht, dem Eigenthümer Beschränkungen aufzuerlegen, die ihm wesentliche Rechte und Ausflüsse des Eigenthums selbst — das freie Veräußerungs- und Vererbungs-Recht, — nehmen würden.

Daran hat man denn auch nie ernstlich gedacht und alle Be-

*) Der Herzog v. R. in Schlesien soll jetzt von den Ablösegeldern 50,000 Thlr. zur Drainirung seiner Güter verwenden wollen. (v. Das Gesetz vom 29sten Juni 1835, wegen Sicherstellung der Rechte dritter Personen bei gutsherrlich-bäuerlichen Regulirungen, Gemeinheits-Theilungen, Ablösungen u. s. w.)

**) Nach der von dem Königlichen landwirthschaftlichen Ministerium herausgegebenen Zusammenstellung pro 1854 haben bis dahin 79,162 lassitische Wirthe auf Grund einer gutsherrlich-bäuerlichen Regulirung das Eigenthum ihrer Höfe mit einem Gesammt-Flächeninhalt von 5,393,252 Morgen erworben, und 848,564 andere Dienst- und Abgaben-Pflichtige an Spanndiensttagen 6,211,745 und an Handdiensttagen 22,110,477 abgelöst und dafür sowie für andere Abgaben an Kapital 28,161,056 Thlr. gezahlt und an Geldrente 4,414,759 Thlr. gleich einem Kapital von 88,295,180 Thlr., an Roggen-Rente 251,108 Scheffel nebst 10,633 Scheffel Waizen, Gerste oder Hafer übernommen, sowie an Land-Entschädigung 1,595,002 Morgen gegeben.

fürchtungen, die so weit gehen, sind ungegründet. Man hat vielmehr dahin gestrebt, die Erhaltung der bäuerlichen Besitzungen gerade durch Erweiterung der autonomischen Befugnisse des Besitzers zu erreichen.

Wenn der letztere bestimmen würde, daß das Gut ungetheilt Einem der Erben für einen bestimmten Preis zufallen sollte, so sollten die anderen Erben dies anerkennen müssen, ohne Klage über Verkürzung im Pflichttheil oder des Notherbenrechts. Daneben will man freilich auch gemäßigte Gütertaxen zur Berechnung des Pflichttheils einführen.

Diese Bestrebungen haben jedoch nur dem Hofbesitz gegolten, der trotz der Dismembrations-Befugniß des Besitzers seinen ursprünglichen Character nicht der Geschlossenheit, aber der Einheit beibehalten hat.*)

*) Die Gesetze:

1) vom 3ten Januar 1845, betreffend die Zertheilung von Grundstücken und die Gründung neuer Ansiedelungen;

2) vom 24sten Februar 1850, wegen Abänderung einiger Bestimmungen desselben, und

3) vom 24sten Mai 1853, zur Ergänzung des ersten Gesetzes,

welche für die 6 östlichen Provinzen ergangen sind, haben, abgesehen von der Erschwerung neuer Ansiedelungen, insofern diese für das Gemeinwohl gefährlich oder mit ungewöhnlichen Schwierigkeiten hinsichtlich der polizeilichen Aufsicht verbunden sind, lediglich die Regulirung der sämmtlichen Abgaben- und Hypotheken-Verhältnisse, welche solidarisch sämmtliche Grundstücke und Pertinenzien des Hofes umschlingen, bei Theilung eines solchen Hofes oder bei Abtrennung eines Theiles desselben zum Gegenstande, und wirken nur indirect gegen den Mißbrauch des Princips der Theilbarkeit, das sie keineswegs aufheben.

(v. die Einleitung, S. 113, und Band 1. S. 163 u. f. von Lettes und v. Rönnes Landes-Cultur-Gesetzgebung. Berlin, Veit et Comp. 1853.)

In Westphalen will man durch Erweiterung der autonomischen Befugnisse des Besitzers dahin wirken, ohne aber gleichfalls das obgedachte Princip zu verletzen.

(v. den neuen Gesetzentwurf für die Provinz Westphalen, betreffend die Abschätzung von Landgütern zum Behuf der Pflichttheilsberechnung, welcher den Zweck hat, den Grundbesitz in den aufsitzenden Familien durch freie Bestimmung des jedesmaligen Besitzers zu erhalten.)

Für den Parzellar-Besitz, der keine Gutseinheit kennt, und bei dem eine entgegenstehende Sitte gilt, hätten sie meines Erachtens gar keinen Sinn, und ihm gegenüber haben sie denn auch nie stattgefunden. Man hört zwar oft die Klage, daß gerade dieser Parzellarbesitz durch seine unseelige Theilungswuth bereits den Bauernstand ganz untergraben habe. Man richtet diesen Vorwurf hauptsächlich auch gegen die Rheinprovinz. Hier ist die Stelle, die Mißverständnisse, die über den Umfang der ländlichen Besitzungen in der Rheinprovinz, auf den es bei Einführung eines Consolidationsgesetzes daselbst wesentlich ankommt, obwalten, aufzuklären, und jenen Vorwurf, den man in den Rheinlanden als gefahrdrohend ansehen muß, zurückzuweisen.

Nach den amtlichen Ermittelungen über die Zahl und den Umfang der ländlichen Besitzungen in Preußen aus dem Jahre 1849, welche in dem verdienstvollen Werke des Freiherrn Fr. W. v. Reden:

„Erwerbs- und Verkehrs-Statistik des Königsstaats Preußen." Band I, Seite 66 u. f. abgedruckt sind, zählt die Rheinprovinz nicht weniger als 686,275 ländliche Besitzungen. Diese haben zusammen 10,486,800 Magdeburger Morgen inne, und der durchschnittliche Umfang einer Besitzung würde demzufolge nur etwa 15 Morgen sein, — ein Besitzthum, allerdings nicht hinreichend, eine selbstständige Ackernahrung zu bilden, zu groß schon, um mit der Hand, zu klein, um mit Gespann bearbeitet zu werden.

In Pommern, das die größten Besitzungen hat, sind dagegen 74,566 Besitzungen mit 12,345,400 Morgen vorhanden, so daß auf eine ländliche Besitzung nicht weniger als 166 Morgen kommen.

Aber so allgemeine Durchschnittszahlen beweisen nichts.

Die ländlichen Besitzungen der Rheinprovinz nehmen 38,34%, die von Pommern nur 4,17% aller Besitzungen des Staats ein.

Die Rheinprovinz hat nach der für 1849 stattgefundenen Zählung 5,771, Pommern nur 2,077 Einwohner auf der Quadratmeile und die Beschaffenheit und Cultur des Bodens ist im Allgemeinen in der Rheinprovinz ohne Frage höher, als in Pommern.

Berücksichtigt man diese Umstände und theilt die Besitzungen in die 5 Größe-Klassen, welche die amtlichen Ermittelungen aufstellen, so erhalten die rheinischen Verhältnisse, namentlich auch Pommern gegenüber, ein viel günstigeres Licht.

Auf die erste Güterklasse mit über 600 Morgen Land, fallen zwar in Pommern 2,275 Besitzungen, während in der Rheinprovinz nur 886 auf diese Klasse kommen.

In der zweiten Klasse mit 300 bis 600 Morgen zählt jedoch die Rheinprovinz schon mehr als Pommern, nämlich erstere 1362, letzteres 1317 Besitzungen.

In der dritten Klasse mit 30 bis 300 Morgen hat Rheinland beinah noch einmal so viel Besitzungen als Pommern, nämlich während ersteres 46,523 Besitzungen hat, zählt letzteres nur 24,808.

In der vierten Klasse mit 5 bis 30 Morgen wird das Uebergewicht der Rheinprovinz sehr bedeutend, indem auf letztere 181,669 Besitzungen und auf Pommern nur 21,489 Besitzungen in dieser Klasse kommen.

In der fünften Klasse zählt man in den Rheinlanden die ungeheure Zahl von 455,835 Besitzungen und in Pommern nur 24,677. —

Während die letzte Klasse nicht weniger als 66,42% aller Besitzungen der Rheinprovinz ausmacht, bilden die übrig bleibenden 33,58% doch immer noch 230,440 Besitzungen, welche die Zahl sämmtlicher Besitzungen in Pommern, die 74,566 beträgt, um mehr als das Dreifache übersteigen.

Rechnet man nun auf die kleinen Besitzungen im großen Durchschnitt 2 Morgen, so fallen darauf 911,670 Morgen und es bleiben sonach von dem Gesammtflächeninhalt aller ländlichen Besitzungen in der Rheinprovinz 9,557,130 Morgen übrig, welche für die 4 ersten Güter-Klassen mit 230,440 Besitzungen noch immer ein durchschnittliches Besitzthum von 41 Morgen gewähren.

Dieses Zahlenverhältniß stimmt mit der Wirklichkeit so ziemlich überein. Will man die Güterverhältnisse der Rheinprovinz richtig beurtheilen, so muß man sie in 3 Gruppen theilen.

Die niederrheinische Ebene, in der die Landwirthschaft zur Entfaltung höchster Blüthe gediehen ist, hat durchschnittlich wohl noch größere Besitzungen.

Der Mittelrhein, von Bonn aufwärts mit den Thälern der Ahr, der Mosel u. s. w. ist mehr dem Weinbau und der Obstkultur, als dem Ackerbau ergeben.

Die Besitzungen können in den engen Thälern nur klein sein. Wo Platz ist, da ist es hier auch gleich ganz anders. Ich brauche nur an die blühenden Zustände des Nahe-Thals, wo in der Niederung der werthvollste Acker- und Wiesenboden aufgehäuft liegt, wo an den Thalwänden der köstlichste Wein wächst, und auf den Höhen die prächtigsten Wälder prangen, und an die breiten Thalmündungen der Ahr bei Sinzig, der Mosel zwischen Coblenz und Andernach bis Mayen hinauf, und der Wied zwischen Sayn und Fahr zu erinnern.

Auf den Hochebenen der Eifel, des Hundsrücks, des Westerwaldes u. s. w., welche die dritte Gruppe bilden, sind die Besitzungen, wie sie obiges Durchschnitts-Verhältniß nach Abzug der kleinen Besitzungen ergiebt. Der Boden ist hier naß, aber er hat vortreffliche Bestandtheile. Die Besitzungen sind groß genug, um einen kräftigen Bauernstand zu tragen, aber sie können zum Theil wegen der schlechten Beschaffenheit der Wege und wegen der Menge der kleinen über die ganze Gemarkung zerstreuten Parzellen nicht bestellt werden. Dort würde das Feld der Zusammenlegungen sein.

Man braucht nicht zu fürchten, daß Einem das Material zu einigermaßen großen arrondirten Plänen fehlen werde.*)

Die bessere Gestaltung des Grundbesitzes, die Beschaffung von Wegen und hauptsächlich die Entwässerung würde auf diesen Hochebenen Erstaunliches wirken.

Nach dieser Abschweifung kehre ich zu dem Beweisthema zurück.

Das Resultat aller vorstehenden Betrachtungen und Zahlen ist, daß die Parzellirung keineswegs die Besitzungen so zersplittert und verkleinert hat, daß sie nicht mehr fähig wären, einen selbstständigen, kräftigen Bauernstand zu tragen. Der Satz ist überhaupt nicht richtig, daß die fortgesetzte Theilung auch zu einer immer größer werdenden Verminderung des Umfanges der Besitzungen führen müsse. Sie führt eben so oft zur Vermehrung als zur Verminderung desselben.

Das beweisen die 230,000 größeren Besitzungen der Rheinprovinz, welche sich auf der durchschnittlichen Höhe von 40 Morgen Umfang erhalten haben.

Hat aber die Parzellirung den selbstständigen Bauernstand, worunter derjenige verstanden wird, der seine ganze Zeit und Arbeitskraft auf den Bau seines Guts verwenden muß und der wenigstens seinen vollen Bedarf für den Unterhalt der ganzen Familie aus den Früchten desselben und deren Erlöse decken kann, nicht vernichtet, so hat sie doch auf der andern Seite Jedem die Gelegenheit geboten, sich ein kleines Besitzthum zu erwerben.

So ist die halbe Million kleiner Besitzungen entstanden, die ein sehr werthvolles und conservatives Element im Staate bilden.

Sie sind nicht Tagelöhner-Etablissements, sondern sind dem allgemeinen Streben nach Grundbesitz, das allen Ständen

*) Ich bin früher der entgegengesetzten Meinung gewesen (v. S. 91 Jahrgang 1854 der landwirthschaftlichen Zeitung für Rheinpreußen), habe sie aber nach sorgfältiger Erforschung der ländlichen Güterverhältnisse in der Rheinprovinz aufgeben müssen.

der Rheinprovinz eigen ist, entsprungen. Der Fabrikarbeiter legt seine Ersparnisse in Grund und Boden an, der ihn an die Heimath kettet und ihm Halt gewährt. Der wohlhabende Städter will sein Weingütchen haben, dessen geringer Umfang doch oft einen bedeutenden Kapitalswerth repräsentirt.

Ich kann nicht finden, daß die von jeher bestandene Theilbarkeit des Grundbesitzes in der Rheinprovinz demselben Gefahren gebracht, ich muß bekennen, daß sie nur heilbringend gewirkt hat.

Aber dies gilt nur, wenn von der Vertheilung der Boden-, Güter-Verhältnisse, nicht, wenn von der Theilung des Grund und Bodens selbst die Rede ist. Dieser ist nach Feldern und Gewannen von Ursprung her in mäßig kleine Stücke zertheilt gewesen.

Die Parzellirung hat diese Stücke in immer kleinere Stücke zerschnitten.

Nach Aufhebung der gleichmäßigen Bestellung nach Feldern fehlten doch die Zugänge zur selbstständigen Bestellung der einzelnen Stücke.

Dadurch ist die Kraft des landwirthschaftlichen Betriebs gelähmt.

Gegen diesen Zustand ist die Zusammenlegung gerichtet. Sie ändert nur die äußere Gestalt der Grundstücke, nicht die rechtliche Natur des Grundbesitzes, sie hat mit der rechtlichen Geschlossenheit der Güter durchaus nichts gemein, und berührt das Recht der freien Verfügung in keiner Weise. Aber sie soll allerdings einen mäßigenden Einfluß auf den Gebrauch dieses Rechts üben, und sie wird ihn üben, denn man hat die Erfahrung gemacht, daß mit der Zusammenlegung auch die Zerstückelungen des Grund und Bodens aufhören.

Doch hiervon weiter unten.

§. 3.

Verschiedene Gesetzgebungen über die Zusammenlegung der Grundstücke.

Es wäre wohl interessant, die Grundsätze zusammenzustellen, welche die verschiedenen Gesetzgebungen in Betreff der Neugestaltung des Grundbesitzes beobachten.

Vorliegende Schrift, die einen practischen Zweck verfolgt, kann sich darauf nicht einlassen.

Ich verweise in dieser Beziehung auf den sehr interessanten Aufsatz des Präsidenten Lette:

„Die Gesetzgebung über Zusammenlegung (Verkoppelung, Consolidation) der Grundstücke,"

abgedruckt in den „Annalen der Landwirthschaft in den Königlich Preußischen Staaten, herausgegeben von dem Präsidium des Königlichen Landes-Oeconomie-Kollegiums zu Berlin." Jahrgang XI, Seite 323 u. f.

Hier sind zunächst nur die vorzüglichsten Gesetze anzuführen, die sich über diese Materie verbreiten:

1) Die Preußische Gemeinheits-Theilungs-Ordnung vom 7ten Juni 1821 und das Ergänzungs-Gesetz vom 2ten März 1850. *)
2) Die Nassauische mit höchster Genehmigung erlassene Ministerial-Verordnung vom 12ten September 1829, betreffend die Güterconsolidation u. s. w. in Verbindung mit der Instruction für die Vollziehung der Güterconsolidation im Herzogthum Nassau vom $\frac{\text{2ten Januar}}{\text{2ten Februar}}$ 1830. **)

*) v. §. 5. dieser Schrift.

**) v. §. 4. dieser Schrift.

3) Das Gesetz über die Zusammenlegung der Grundstücke im Königreich Sachsen, vom 14ten Juni 1834.*)

4) Das Gesetz, die Verkoppelung der Grundstücke im Kurfürstenthum Hessen betreffend, vom 28sten August 1834.

5) Die Instruction für die Zusammenlegung und neue Vertheilung der Grundstücke im Großherzogthum Hessen-Darmstadt, vom 5ten Dezember 1834.**)

6) Das Gesetz über Zusammenlegung der Grundstücke im Königreich Hannover, vom 30sten Juni 1842, und das Ergänzungs-Gesetz, vom 12ten Oktober 1853.***)

7) Das Großherzoglich Weimarsche Gesetz über die Zusammenlegung der Grundstücke, vom 25sten August 1848, und

8) das Großherzoglich Gothasche Gesetz über Zusammenlegung der Grundstücke, vom 5ten November 1853.

*) Im Königreich Sachsen ist die Zusammenlegung der Grundstücke schon weit vorgerückt. Ich verweise auf No. 5. des Jahrgangs 1854 von dem Amts- und Anzeige-Blatt fur die landwirthschaftlichen Vereine des Königreichs Sachsen, worin sich eine Abhandlung des General-Sekretairs dieser Vereine, Herrn Regierungsraths Reuning, über die Zusammenlegung der Grundstücke befindet, welche statistische Notizen über den Fortgang dieser Maßregel und eine Characteristik des dortigen Verfahrens giebt.

**) Hiernach soll die Umlegung nur unter freier Vereinbarung aller Interessenten zu Stande kommen können. Herr Zeller führt in seiner Schrift (v. Anmerkung 6) an, daß auf diese Weise nicht so viel erreicht worden, als wünschenswerth sei, daß aber bald in Folge ständischen Wunsches ein eigenes Gesetz darüber erscheinen werde.

***) Ueber die Hannoverschen Verkoppelungen ist auf die Schrift von Wilhelm Seelig, außerordentlicher Professor der Staatswissenschaft zu Göttingen, „Die Zusammenlegung der Grundstücke, mit besonderer Beziehung auf die Gesetzgebung und das Verfahren im Königreich Hannover betreffend, mit einer Charte der zusammengelegten Feldmark von Echte im Fürstenthum Göttingen," Göttingen in der Dieterichschen Buchhandlung, 1853, und auf die Schrift von Dr. Stüve, „Wesen und Verfassung der Landgemeinden und des ländlichen Grundbesitzes in Nieder-Sachsen und Westfalen u. s. w." Jena, Fr. Frommann, 1851, zu verweisen.

In dem Herzogthum von Anhalt=Bernburg ist die Leitung der Gemeinheits=Theilungssachen nebst Zusammenlegung der Grundstücke durch den Staats=Vertrag vom 11ten September 1850, ratificirt den $\frac{21\text{sten}}{19\text{ten}}$ September desselben Jahres, den Preußischen Auseinandersetzungs=Behörden übertragen worden, und durch den Staats=Vertrag vom 9ten Oktober 1854 ratificirt den $\frac{28\text{sten}}{14\text{ten}}$ desselben Monats und Jahres ist dasselbe hinsichtlich des Fürstenthums von Schwarzburg=Sondershausen geschehen.*)

Auch in den vereinigten Fürstenthümern von Anhalt=Dessau und Anhalt=Köthen existirt ein Gesetz, das die Zusammenlegung der Grundstücke verordnet und in dem Königreich Würtemberg hat die Königliche Centralstelle für die Landwirthschaft zu Stuttgart im Jahre 1854 „Musterpläne zu neuen Feldweg=Anlagen, Feldeintheilungen und Zusammenlegungen aus der Zahl der in Würtemberg ausgeführten Markungsbereinigungen" nebst einem sehr beherzigungswerthen Vorwort, das die Nachtheile des früheren und die Vortheile des neuen Zustandes lichtvoll schildert, herausgegeben.**)

Im Preußischen findet die Zusammenlegung der Grundstücke nur in Verbindung mit einer Gemeinheits=Theilung und als Folge derselben statt; sie führt daher den Namen „Spezialseparation."

*) Dasselbe ist jetzt auch in Betreff des Fürstenthums Schwarzburg=Rudolstadt geschehen.

**) vide das Schriftchen von Dr. L. Zeller, Großherzoglich Hessischer Regierungsrath und beständiger Secretair der landwirthschaftlichen Vereine im Großherzogthum Hessen:

„Die neueren wichtigeren Gesetze und Verordnungen im Gebiete der Landwirthschaft."

Darmstadt 1853.

In jüngster Zeit ist auch in Baden ein Gesetzentwurf, betreffend die Zusammenlegung der Grundstücke, den Kammern zur Berathung und Beschluß=Fassung vorgelegt worden. v. die Thronrede vom 26sten November 1855.

Im Würtembergischen nennt man sie „Markungsbereinigung," im Hannoverschen „Verkoppelung der Grundstücke," welche Bezeichnung auch in der Provinz Westphalen heimisch geworden ist, und im Nassauischen „Güterconsolidation." In den sächsischen Ländern nennt man sie bei ihrem eigentlichen Namen:

„Zusammenlegung der Grundstücke."

Alle jene Gesetze haben den Zweck, die alte Felder-Eintheilung, welche auf der ursprünglichen gleichmäßigen Flurbestellung und der gemeinsamen Benutzung der nicht bestellten Felder beruht, nicht selten unter gleichzeitiger Abschaffung dieser gemeinsamen, die Kultur hindernden Nutzungsrechte, aufzuheben, und an deren Stelle eine neue Vertheilung des Grund und Bodens der Gemarkungen zu setzen, sowie die letzteren bei Gelegenheit dieser Umgestaltung, die eine freie Disposition über die Grundstücke, die ihren bisherigen Besitzern entzogen werden, gestattet, mit allgemeinen Meliorations-Anlagen, insbesondere Wege- und Entwässerungs-Anlagen, zu versehen.

Man kann für diese Maßregel zwei Systeme unterscheiden. Das eine wird vorzugsweise durch die Preußische, das andere durch die Nassauische Gesetzgebung vertreten.

Die erste geht von dem Hofbesitz aus und strebt dahin, demselben seine Ländereien, die in rechtlichem Zusammenhange stehen, auch in reellem Zusammenhange, in möglichst großen arrondirten Plänen wiederzugeben. Dasselbe Prinzip beobachtet sie aber auch für den Wandelbesitz, der nicht blos in der Rheinprovinz vorkommt, sondern sich über die eigentliche Grenze des Franken-Rechts hinaus in die Provinz Westphalen, namentlich in das Herzogthum Westphalen und Fürstenthum Paderborn, und in die Provinz Sachsen, vorzugsweise in die thüringischen Landestheile bis in das Fürstenthum Halberstadt, erstreckt.

Man bezeichnet das Preußische System am besten mit dem Namen des Verkoppelungssystems.

Sehr verschieden davon ist das Nassauische Verfahren, das von dem Parzellar- oder Wandelbesitz ausgeht. Es theilt die ganze Gemarkung wiederum in lauter Parzellen, die ein bestimmtes Maß haben und unter diesem nicht weiter theilbar sind. Sie strebt zwar auch nach Zusammenlegung und erreicht auch eine ziemlich bedeutende Verminderung der Parzellenzahl. Allein Hauptziel ist ihr doch nur die bessere Gestaltung der Parzellen und die allgemeine Feldregulirung, durch die sie großartige Culturverbesserungen für die Gemarkung einzuführen sucht.

Die folgenden §§. werden sich mit einer Darstellung erst des Nassauischen und dann des Preußischen Verfahrens beschäftigen.

Es gereicht mir zur besonderen Freude, hierbei auf die Schrift eines Rheinländers, des Directors der Acker- und Wiesenbau-Section im rheinpreußischen landwirthschaftlichen Verein, Landraths Simons auf Vogelsang:

„Zur Consolidationsfrage mit besonderer Rücksicht auf die Agrar-Verhältnisse der Rheinprovinz,"

abgedruckt in der Zeitung des landwirthschaftlichen Vereins dieser Provinz, Jahrgang 1854, aufmerksam machen zu können.

§. 4.

Die Nassauischen Güter-Konsolidationen.

Sie haben bereits zu Ende des vorigen Jahrhunderts begonnen. Ihre Ausbildung und jetzige Grundlage haben sie aber erst durch die Verordnung vom 12ten September 1829 und die zur Ausführung derselben erlassene Instruction der Herzoglichen Landes-Regierung zu Wiesbaden vom 2ten Februar 1830 empfangen.

Als wesentliche Ergänzungen derselben sind die Verordnungen:

1) die Theilung der Grundstücke betreffend, vom 18ten Juli 1837,
2) die Theilung der Grundstücke, insbesondere der sogenannten Kraut- und Gemüsefelder betreffend, vom 16ten April 1839, und

3) die Güterconsolidation, insbesondere den Entwurf des General-
situations-Plans betreffend, vom 15ten October 1845,
zu betrachten.

Den Anfang zu einer Litteratur macht die Abhandlung des Nassauischen Kreisamtssecretairs Th. Wißmann: „Ueber das Consolidationswesen im Herzogthum Nassau u. s. w.,“ 1853, Wiesbaden, Kreidel und Niedener, die in sehr eingehender Weise das dabei beobachtete Verfahren schildert.

A. Gegenstand und Bedingungen.

Im Nassauischen ist, wie überall, wo der fränkische Stamm seßhaft ist, der Hofbesitz selten, der Parzellarbesitz vorherrschend.

Die Ungebundenheit des Grundbesitzes hat auch dort überall zu einer Zersplitterung geführt, die einer gehörigen Bewirthschaftung höchst nachtheilig ist.

Aus dieser Erwägung ist die Nassauische Güterconsolidation hervorgegangen, die lediglich

die parzellenweise unter einander liegenden Aecker-, Wiesen- und Garten-Ländereien

zum Gegenstand hat.

Sie kann sich auf die ganze Feldmark, oder auch nur auf einzelne Districte derselben beziehen.

Sie ist nur dann zuläßig, wenn zwei Drittel der besitzenden Einwohner der Gemeinde, — also ausschließlich der Forensen, welche nicht mitstimmen, — damit einverstanden sind und diese zwei Drittel der Personenzahl die Hälfte des zu consolidirenden Grundbesitzes haben.

Auch auf die Hausgärten, die Hofraithen und Ausfahrten, sowie auf die Dorfstraßen kann sich die Consolidation beziehen, wenn zwei Drittel der Interessenten damit einverstanden sind.

B. Zwecke.

Die Nassauische Güterconsolidation hat

1) eine allgemeine Feldregulirung und
2) eine neue Vertheilung des Grund und Bodens in Normalparzellen

zum Zweck.

Der neuen Feldregulirung wird seit dem Erlaß der Verordnung vom 15ten Oktober 1845 eine ganz besondere Sorgfalt gewidmet.

Sie besteht in der neuen Abgrenzung der verschiedenen Culturarten, in allgemeinen Meliorations-Anlagen und in der neuen Gewannen-Bildung.

Ich mache in dieser Beziehung auf den in der Anlage No. I. angehängten General-Situationsplan von der Gemarkung Heckholzhausen im Amte Limburg aufmerksam.

Bei der neuen Kultur-Abgrenzung werden, wenn das Bedürfniß es irgend erheischt, d. h. wenn Mangel in der einen und Ueberfluß in der andern Kulturart vorhanden ist, oft großartige Umwandlungen vorgenommen.

Nicht allein wird hier auf die Fortschaffung aller schädlichen und die Figur verunstaltenden Einschnitte und Vorsprünge, sondern hauptsächlich auch darauf gesehen, jeder Lage, mag sie nun Acker, Wiese, Wald oder Weide sein, für die Zukunft die ihr passende Kulturart zu geben, und in sofern ist dann die Consolidation oft auch von großem Einfluß auf die sonst ausgeschlossenen Wald- und Hudeländereien, indem erstere ausgestockt und letztere zu Acker umgebrochen oder zu Wiesen angelegt werden.

Diese Umwandlungen resp. Abgrenzungen sind dauernder Natur, weil die verschiedenen Kultur-Arten, die den Gegenstand der Consolidation bilden, eine verschiedene Theilbarkeit besitzen, weil dadurch die neue Gewannen-Bildung bedingt ist, und die

Grenzen der Kulturarten wohl auch durch die neuen Meliorations-Anlagen, bei den Wiesen z. B. durch die Zuleitungs-Gräben, gebildet werden.

Was die allgemeinen Meliorations-Anlagen: die Wege, Brücken, Dämme, Bachregulirungen, Ent- und Bewässerungen betrifft, so habe ich schon oben erwähnt und wiederhole es, daß es anders nicht möglich wäre, den zerstückelten bäuerlichen Grundbesitz mit jenen allgemeinen Kultur-Verbesserungen zu versehen, wenn nicht bei Gelegenheit der Consolidation der Grundstücke, die eine vollständige Expropriation derselben voraussetzt.

Die Wege- und Entwässerungs-Anlagen werden als nothwendige Anlagen angesehen, denn erstere gewähren dem Grundbesitz die Freiheit der Bewirthschaftung und letztere setzen den Boden erst in den Besitz aller derjenigen Vorzüge, die er seiner natürlichen Beschaffenheit nach hat. Die Bewässerungs-Anlagen, die durch künstliche Ueberschwemmung eine künstliche Steigerung des Grasertrags bewirken, werden dagegen mehr als nützliche Anlagen betrachtet, für die man aber im Nassauischen, wie überhaupt im Westen von Deutschland vom Niederrhein bis nach Baden hinauf, eine ganz besondere Vorliebe hat. *)

In den Thalwiesen des Eier- und Kerkerbaches, auf der Gemarkung Heckholzhausen, hat man nach dem obenerwähnten General-Situationsplan nicht weniger als 10 Stauwehre und Zuleitungsgräben angebracht.

Die Wege sind theils Communications- theils Feld- und Gewannen-Wege. Erstere sollen den Verkehr des Orts mit Außen, letztere die Kultur der Grundstücke erleichtern. Jene werden in der Regel kunstmäßig ausgebaut, die Feldwege, bei denen man vorzugsweise auf richtige Steigungs-Verhältnisse sieht, führen nach

*) v. das Großherzoglich Hessische Gesetz, die Wiesencultur betreffend, vom 7ten Oktober 1830, und das Großherzoglich Badensche Gesetz, über Be- und Entwässerungs-Anlagen, vom 13ten Februar 1851.

den verschiedenen Richtungen der Feldmark und vermitteln die Verbindung zwischen den verschiedenen Fluren. Die Gewannen-Wege endlich bilden die Grenzen der Gewannen und müssen jeder Parzelle einen selbstständigen Zugang gewähren.

Die neue Gewannen-Bildung ist die letzte und wohl vorzüglichste Aufgabe der allgemeinen Feld-Regulirung.

Sie entscheidet hauptsächlich über das Gelingen der ganzen Consolidation, denn von ihr hängt die Form und Lage der neuen Parzellen ab, deren glückliche, zweckmäßige Lagerung doch immer mehr oder minder die Entscheidung geben wird.

Bei der Gewannenbildung sieht man zwar auch auf Regelmäßigkeit der Figur, aber eigentlich maßgebend ist doch nur die Lage. Jede neue Lage bildet eine neue Gewanne, die demnächst in möglichst gleichförmige Parzellen mit gleichmäßiger Befurchung für den Acker und gleichmäßiger Berieselung für die Wiesen untergetheilt wird.

Nach der neuen Gewannen-Eintheilung, die sich an die allgemeinen Meliorations-Anlagen: die Wege, die gestreckten Bäche, die Gräben u. s. w. als an ihre natürlichen Grenzen anlehnt, beginnt nämlich die spezielle Vertheilung des Grund und Bodens in lauter Normalparzellen. Die Normalparzellen sind Grundstücke von einer bestimmten Form und in dieser Form unveränderlich, von einer bestimmten Größe und in dieser Größe untheilbar.

Durch die Unveränderlichkeit der Form wird Vorsorge getroffen, die Resultate und Vortheile der allgemeinen Feld-Regulirung und Special-Theilung zu erhalten und dieselben durch eine planlose Wiederzerstückelung der neuen Grundstücke nicht wieder untergehen zu lassen.

Lage und Form der Parzellen sollen von der Art sein, daß sie einerseits den größtmöglichen Antheil an den gemeinsamen Kultur-Verbesserungen nehmen, andererseits durch die Gewannen-Wege eine vollständig freie und unabhängige Bewirthschaftüng zulassen.

Ihre Größe, die zugleich die Grenze ist, an der die Theilbarkeit aufhört, ist so klein, daß dadurch möglichst viel Minimalparzellen geschaffen werden, und so groß auch wieder, daß sie noch eine ordentliche Bewirthschaftung zulassen.

Die Größe ist nach den verschiedenen Kultur-Arten verschieden. Bei dem Acker dürfen sie nicht unter 50 □R., bei den Wiesen nicht unter 25 □R., bei dem Krautfelde nicht unter 15 □R., bei den Gärten nicht unter 10 □R., und nur bei den Pflanzenbeeten und Bleichplätzen, die zuweilen auch geschlossene Districte bekommen, von geringerer Größe sein.

Das dabei zur Anwendung kommende Maaß ist das französische. Ein halber Meter oder fünf Dezimeter bilden den neuen Nassauischen Feldschuh, 10 Schuhe 1 Ruthe, und 10 Ruthen den neuen Morgen, der bis auf ein Geringes mit dem Magdeburger Morgen übereinstimmt.

Nach dem Vorstehenden können die niedergemessenen Normalparzellen nicht mehr reell getheilt werden. *)

Hierdurch hat man aber keineswegs den Parzellarbesitz, dessen Wesen vorzugsweise in der Zusammenhanglosigkeit mit einer Solstätte besteht, aufgehoben. Vielmehr muß man anerkennen, daß dadurch das im fränkischen Stamm lebende Princip desselben erst recht zu einem bestimmten consequent durchgeführten System ausgebildet worden ist.

Dieses System verwandelt die ganze Gemarkung nach vorausgegangener allgemeiner Feldregulirung in lauter kleine Parzellen, die zu bestimmten Grundstücken von leicht erkennbarer Form und Lage und leicht zu schätzendem Werthe specificirt worden sind, und die nun, wie andere Sachen, welche eine untheilbare Zusammensetzung haben, Gegenstand des willkührlichsten Verkehrs sein können, sowie durch ihre Vielheit ein reiches Material dem letzteren zur Verfügung stellen.

*) v. littr. b. No. 4. dieses §.

Die Normalparzellen enthalten zugleich die Entschädigung der Interessenten für ihr früheres Besitzthum. Da letzteres nach §. 1. der Nassauischen Instruction über die Güter-Consolidation vom 2ten Februar 1830 dem Grund-Eigenthümer für jeden Bezirk in Bodengüte und Größe und ohne Umtausch der Kulturarten verbleiben soll, so kann natürlich von einer eigentlichen Zusammenlegung der Grundstücke eines Betheiligten nicht die Rede sein; vielmehr werden nach dem Obigen, — wie die obgedachte Instruction sich ausdrückt, — „nur Form und Lage verändert und die zersplitterten Besitzungen in solche von angemessener Größe zusammengelegt."

Nur dann, wenn Jemand in dem zur Vertheilung kommenden Bezirke mehr als eine Normalparzelle in Einer Klasse anzusprechen hat, muß ihm dieses Mehr, das aber dennoch im Lagerbuch und Karte in besonderen Normalparzellen ausgewiesen wird, aneinandergelegt werden.

Das Weitere hierüber findet sich in dem folgenden Abschnitt.

C. Ausführung und Verfahren.

Die Grundbesitzer der consolidirenden Gemeinde bilden eine Gesellschaft, die, wo es sich um gemeinsame Interessen handelt, bald durch das Feldgericht, bald durch den Gemeinde-Rath, bald durch die aus ihrer Mitte gewählten Taxatoren, bald endlich durch alle drei Organe gemeinschaftlich vertreten wird.*)

Die Gesellschaft wählt durch Stimmenmehrheit den Consolidations-Geometer, der auf die Instruction vom 2ten Februar 1830 verpflichtet sein muß, und schließt mit ihm über die Ausführung des Geschäfts und seine Remuneration dafür einen Privataccord ab, der der Genehmigung der herzoglichen Landes-Regierung unterliegt.

*) v. den 5ten Abschnitt des Nassauischen Consolidations-Wesens von Wißmann.

Der Consolidations-Geometer hat die Ausführung des Geschäfts.

Er muß während desselben seinen Wohnsitz in der consolidirenden Gemeinde nehmen, und fortwährend die Vertreter der Gesellschaft zu Rathe ziehen.

Die Leitung des Geschäfts und die Entscheidung der dabei vorkommenden Streitigkeiten steht mit Ausschluß des Rechtsweges, der nur bei eigentlichen Eigenthums-Fragen zugelassen wird, den Administrativ-Behörden zu und zwar ohne weitere Berufung der herzoglichen Landes-Regierung, wenn der Streit die Feststellung des General-Situationsplans und der Spezialpläne betrifft, und mit Zulassung des Recurses an die erstere, den herzoglichen Kreisämtern, die indessen in neuerer Zeit wieder mit den Justizämtern vereinigt worden sind, wenn der Streit den speciellen Theil des Verfahrens betrifft.

Das Verfahren selbst zerfällt nach den Zwecken der Consolidation (Abschnitt B.)

1) in die Feststellung des Generalsituationsplans und
2) in die Feststellung der Special-Pläne und die Vertheilung des Grund und Bodens in den einzelnen Verloosungs-Bezirken an die Interessenten.

Was nun erstens den General-Situationsplan betrifft, so wird dabei folgender Gang beobachtet.

(vid. die Verordnung vom 15. Oktober 1845.)

Der Consolidations-Geometer muß zuerst eine generelle geometrische Aufnahme der ganzen zu consolidirenden Gemarkung vornehmen und dann mit Zuziehung der Vertreter der Consolidations-Gesellschaft den allgemeinen Plan der Feldregulirung entwerfen.

In die darüber anzufertigende Karte sind nach den Zwecken der allgemeinen Feldregulirung die Grenzen zwischen den verschiedenen Kulturarten und mit den nachbarlichen Feldmarken, imgleichen die Vicinal- und Feldwege, so wie die Bäche und Wässerungs-Anlagen, und endlich auch die Gewannen-Eintheilung, und zwar der alte wie der neue Zustand, einzutragen. Auf dem Generalsituations-Plan von Heckholzhausen, Anlage I, sind die alten Grenzen u. s. w. mit punktirten, die neuen mit ausgezogenen Linien dargestellt.

Der General-Plan wird demnächst der herzoglichen Landes-Regierung vorgelegt, die auf Vorschlag des Amtes eine Commission ernennt, die den Plan an Ort und Stelle zu prüfen hat.

Die Commission besteht aus dem technischen Beamten der Landes-Regierung, der das Geschäft leitet, aus dem Kreis-Amtmann, dem herzoglichen Wasser- und Wiesen-Baumeister, dem Oberforstbeamten, dem Revidenten der Consolidation, welcher immer ein anderer ausgezeichneter Consolidations-Geometer sein muß, und drei benachbarten landwirthschaftlichen Notabilitäten.

Bei der Prüfung zieht die Commission natürlich den Consolidations-Geometer, der die projectirte Anlage an Ort und Stelle vorzuzeigen und zu erläutern hat, sowie die Vertreter der Consolidations-Gesellschaft zu, und stellt es jedem Betheiligten frei, sich bei dieser Gelegenheit mit seinen etwaigen Widersprüchen zu melden, die dann an Ort und Stelle einer sehr sorgfältigen Prüfung unterworfen werden.

Nach der Rückkehr vom Felde wird ein Protokoll aufgenommen, in das die Genehmigung resp. die beschlossenen Abänderungen niedergelegt werden.

Die herzogliche Landes-Regierung, der dieses Protokoll von dem Vorsitzenden der Commission mit gutachtlichem Bericht überreicht wird, entscheidet über die verbliebenen Differenz-Punkte und setzt den General-Plan definitiv fest.

Hiernach wird zum speziellen Theil des Verfahrens übergegangen, das bezirksweise vorwärts schreitet.

In der Regel kommt in jedem Jahr eins der drei Felder zur Vertheilung. Aber ein solches Feld bildet sowenig Eine Masse als die ganze Gemarkung.

Die Vertheilung geschieht vielmehr nach Verloosungs-Bezirken.

Die Verloosungsbezirke, die in ebenen Gegenden bis 60 Morgen und in gebirgigen bis 40 Morgen umfassen, erstrecken sich über mehrere Gewannen, die durch Gleichartigkeit zusammengehören.

Sie bilden keine bleibenden Bezirke, sondern dienen eben nur dazu, die in sie fallenden Gewannen, für die immer nur einmal das Loos gezogen wird, gleichzeitig zur Verloosung und Vertheilung zu bringen.

Ueber jeden Verloosungs-Bezirk stellt der Consolidations-Geometer einen Specialplan auf, in den die neu projectirten Anlagen, die neue Gewannen-Eintheilung und die neue Lage der Parzellen eingetragen werden.

Der Plan wird an Ort und Stelle von dem Revidenten der Consolidation geprüft, dann von der herzoglichen Landes-Regierung festgestellt und hierauf von dem Consolidations-Geometer zur Ausführung gebracht.

In der Anlage II. befindet sich ein solcher Spezial-Plan von dem Bechfelde in der Gemarkung Weiskirchen zwischen Homburg und Frankfurt a. M., worin der alte und der neue Zustand angegeben ist.

Ich gehe nunmehr zu einer Beschreibung des speciellen Verfahrens über.

1. Klassification und Klassirung des Grund und Bodens.

Diese geschieht durch die Taxatoren, die aus der consolidirenden Gemeinde selbst gewählt und zu ihrem Geschäfte eidlich verpflichtet werden, unter Controlle eines Ausschusses ebenfalls aus der Zahl der betheiligten Grundbesitzer, und unter Leitung des Consolidations-Geometers.

Die Klassenfeststellung, die in der Regel 10 bis 12 Klassen, welche mit Buchstaben bezeichnet werden, begreift, wird für die ganze Gemarkung bewirkt; die Klassirung aber, d. h. die specielle Einschätzung des Grund und Bodens in die verschiedenen Klassen, erfolgt bezirksweise, also immer nur für diejenigen Gewannen, welche gerade zur Vertheilung kommen und einen gemeinschaftlichen Verloosungsbezirk bilden sollen.

Die Taxatoren geben bei der Klassenfeststellung zugleich den Werth einer Ruthe für jede Klasse in jeder Kultur-Art an, und der Geometer stellt auf Grund dieser Werthe einen s. g. Parifications-maßstab auf, nach welchem bei den nicht ganz zu vermeidenden Umtauschungen der Kultur-Arten und Bodengüten die Ausgleichungen bewirkt werden. —

Ueber Einwendungen gegen die Bonitirung entscheidet der Administrativ-Beamte auf Grund eines Gutachtens von drei neuen Sachverständigen, wovon einen der Reclamant, den zweiten der Geometer und den dritten das Amt wählt.

Mit welcher Sorgfalt die Bonitirung bewirkt wird, ergiebt die Anlage III.: „Bonitirungskarte von dem Bechfelde in der Gemarkung Weiskirchen," worauf auch die Werth-Verhältnisse der Bonitirungsklassen und der s. g. Parifications-Maßstab angegeben ist.

2. Besitzstandsaufnahme und Extracte.

Nach der Klassirung oder Bonitirung eines Verloosungsbezirks, wird zur Besitzstands-Aufnahme geschritten.

Die in dem Bezirk Begüterten werden auf Grund der Steuer-Kataster resp. Lagerbücher vorgeladen. Mit ihnen werden die einzelnen Parzellen auf dem Felde Stück für Stück durchgegangen, und so die Grundstücke wie auch deren Eigenthümer ermittelt. Eigenthums-Streitigkeiten werden an die gewöhnlichen Gerichte gewiesen.

Der Flächengehalt der einzelnen Parzellen wird entweder nach den Lagerbüchern oder aber durch Vermessung festgestellt.

Das erstere geschieht sehr häufig, um allen Grenzstreitigkeiten wegen Ueberackerung u. s. w. vorzubeugen.

Die Bonitirungs-Abschnitte in den einzelnen Grundstücken werden immer gemessen.

Ueber alles dies wird ein Register angefertigt, das die einzelnen Parzellen, wie sie der Reihe nach auf dem Felde folgen, deren Besitzer, das alte und neue Maß derselben und den Flächeninhalt der Klassen-Abschnitte in jeder Parzelle angiebt. Es vertritt unser Vermessungs- und Bonitirungs-Register.

Aus demselben wird ein Extract gefertigt, welcher die einzelnen Parzellen-Besitzer in alphabetischer Reihenfolge mit ihren in dem Verloosungsbezirk belegenen Parzellen, deren Klassenabschnitte in verschiedenen Colonnen angegeben sind, aufführt.

Er stellt die Forderung jedes Interessenten in jeder Klasse fest.

3. Verloosung.

Die Besitzstands-Extracte stellen die auf dem alten Verhältniß beruhenden Forderungen fest. Die Verloosung ist der erste Schritt der Interessenten zur Umschaffung des alten in den neuen Zustand.

Der Verloosung selbst gehen folgende Beschlüsse voraus:

a) Wie die allgemeinen Kultur-Verbesserungen, die in den Verloosungs-Bezirk fallen, ausgeführt und unterhalten werden sollen?

Alle Anlagen, welche nicht lediglich zur Melioration einzelner Grundstücke geschehen, werden in der Regel von der Gesammtheit der Interessenten ausgeführt.

b) Wie das Terrain zu den allgemeinen Meliorations-Anlagen beschafft, oder, da dies immer durch einen angemessenen Procent-Abzug in Pausch und Bogen geschieht, wie viel Procent Jedem von seiner Forderung zu diesem Zweck gekürzt werden soll?

In der Regel sind für Wege, Bäche, Gräben u. s. w. 3 bis $4\frac{1}{2}\%$ hinreichend, jedoch werden, wenn die Forderungen der Interessenten auf Grund der alten Lagerbücher, der Steuerkataster u. s. w.

festgestellt werden, und Besorgniß vorhanden ist, daß die Wirklichkeit nicht ausreichen möchte, um einem Fehlmaß zu begegnen, wohl noch $1\frac{1}{2}$% mehr in Abzug gebracht.

Findet sich nachher in Folge dieser Operation ein Uebermaß, was nicht selten der Fall ist, so wird dieses in s. g. Masseparzellen ausgewiesen, die am Schluß des ganzen Verfahrens meistbietend zum Vortheil der Interessenten verkauft werden.

c) Von welcher Seite ab in jeder Gewanne die Zutheilung beginnen soll?

Nachdem hierüber Bestimmungen getroffen sind, ziehen die Interessenten in alphabetischer Reihenfolge, wie sie der Extract nachweist, die Loose, deren es so viele giebt, als Interessenten vorhanden sind, und die, wie oben bemerkt, für sämmtliche Gewannen Eines Verloosungs-Bezirks immer nur einmal gezogen werden.

Schon die Stelle, die ich der Verloosung angewiesen habe, deutet darauf hin, daß sich die gezogenen Nummern nicht auf bestimmte, schon vorhandene gleich große oder gleich werthe Parzellen beziehen können. Die gezogene Nummer giebt dem Ziehenden nur ein Anrecht auf eine bestimmte Lage für seine Entschädigungs-Parzellen bei anderweitigen gleichberechtigten Ansprüchen.

4. Berechnung und Zutheilung der Parzellen nach Maßgabe des gezogenen Looses.

Nach der Verloosung wird eine Nachweise aufgestellt, die links das „Sollhaben" und rechts „das Haterhalten" aufführt. Die Interessenten folgen in der Reihenfolge, die das Loos bestimmt, mit ihren verschiedenen Klassenforderungen nach Abzug des Procent-Abzuges für die allgemeinen Anlagen.

Die Abfindung der Interessenten wird in Normalparzellen gewährt.

(vid. Abschnitt B. dieses §.)

Diese sollen eine bestimmte Größe haben, den Ort ihrer Lagerung durch das gezogene Loos angewiesen erhalten und doch den früheren Besitzstand in Bodengüte und Lage wieder gewähren.

Nur mannigfache Modulationen lassen diese Grundsätze ausführbar erscheinen.

Die Größe ist allerdings bestimmt.

Wenn aber ein Interessent überhaupt weniger als den Inhalt einer Normalparzelle zu fordern hat, so muß ihm doch dieses Weniger in einer das Minimalmaß nicht erreichenden Parzelle ausgewiesen werden. Hat er mehr als eine aber weniger als zwei Normal-Parzellen zu fordern, so wird ihm doch nur eine in einer das Maß übersteigenden Parzelle ausgewiesen. Werden später solche das Normal-Maß bald nicht erreichenden bald übersteigenden Grundstücke in Einer Hand vereinigt, so hat der Besitzer das Recht, aus zwei nebeneinander liegenden Parzellen, wenn diese zusammen den Normal-Gehalt von drei Parzellen haben, sich drei solcher Parzellen, ganz aber der ursprünglichen Form und Lage sich anschließend und mit einer Kopfseite den Gewannen-Weg berührend, machen zu lassen. Für den Fall einer Veräußerung oder Theilung ist dies wichtig. Immer aber sind bei dergleichen Veränderungen wieder bestimmte Parzellen auszuweisen und in Karte und Lagerbuch einzutragen.

Die Wiedergewährung des früheren Besitzstandes in Bodengüte und Lage scheint bei der völligen Umgestaltung der Gewannen und der Parzellen und bei der Lagerung nach dem Loose nun gar nicht möglich zu sein, und doch wissen geschickte Geometer durch natürlichen Takt und gewonnene Routine, die trotz dem Loose einen großen Spielraum haben, alle diese Schwierigkeiten zu einer befriedigenden Lösung zu bringen.

Entscheidend dabei ist vor allen Dingen die Bildung richtiger Verloosungs-Bezirke. Da darin nur solche Gewannen kommen sollen, die durch Gleichartigkeit der Bodenbeschaffenheit, der Production und der Entfernung mehr oder minder zusammengehören, und darin nur diejenigen abgefunden werden, die darin früher begütert gewesen sind, so wird die frühere Lage im allgemeinen ohne große Schwierigkeit wieder gewährt werden können. Es kommt dabei nicht auf die Stelle, sondern auf die Qualität der Lage an.

Die Klassenausgleichung, d. h. die Abfindung in der früheren Bodengüte, muß bei der Lagerung der Parzellen bewirkt werden.

Das Loos erscheint dabei nicht hindernd, sondern als ein hülfreicher Leitfaden des Geometers.

Der Specialplan des Verloosungs-Bezirks bestimmt, wie die Parzellen in den einzelnen Gewannen liegen sollen, das Verloosungsprotokoll: von wo ab die Berechnung und Zutheilung derselben geschehen soll, und die Karte: welche Klassen dort zur Vertheilung kommen.

Nun braucht der Geometer bloß das Sollerhalten der Interessenten, die in der Nachweise bereits nach den Loosen geordnet sind, durchzugehen, und mit jenen Klassen-Vorliegen, die Klassenforderungen der Grundbesitzer zu vergleichen.

Derjenige Interessent, dessen Forderungen zuerst in jener Reihenfolge mit dem ersten Klassen-Vorliegen in einer der zur Vertheilung kommenden Gewannen übereinstimmen, hat ein Recht auf die erste Parzelle und so fort.

Natürlich wird bei der schnell wechselnden Boden-Beschaffenheit und den willkührlich laufenden Bonitirungs-Linien, Klassenforderung und Klassen-Vorliegen nur in seltenen Fällen übereinstimmen.

Bei der Durchgehung der Forderungen wird es nicht selten zweifelhaft sein, ob gleichberechtigte Forderungen vorliegen. Dem Loose muß hier die Geschicklichkeit des Geometers zu Hülfe kommen.

Die Bildung der Normal-Parzellen ist das Hauptziel der Nassauischen Special-Theilung. Bei gleichmäßiger Bodenbeschaffenheit und großen Verloosungs=Bezirken kommt es jedoch nicht selten vor, daß die Normal=Parzellen eines und desselben Interessenten nebeneinander gelegt werden.

(vid. das Ende des Abschnitts B. dieses §.)

Ist ein Verloosungs=Bezirk fertig berechnet, so werden die neuen Parzellen auf dem Felde abgesteckt, und wenn keine Reclamationen vorkommen, den Interessenten übergeben.

Durch eine besondere Nachweisung, die den alten und neuen Besitzstand in seinen verschiedenen Klassen aufführt, und die Klassen des neuen nach dem Parifikations=Maßstab auf die des alten reducirt, wird festgestellt, ob die Interessenten für ihre Forderungen in dem zur Vertheilung gekommenen Verloosungs=Bezirk vollständig abgefunden worden sind, oder ob sie zu viel oder zu wenig erhalten haben. Die Differenz, die immer nur klein sein darf, wird auf die nächstdem zur Vertheilung kommenden Verloosungs=Bezirke übertragen.

Die Anlage IV, welche eine Parzellenkarte von einem Theil des Bechfeldes der Gemarkung Weiskirchen enthält, wird die dargelegten Grundsätze näher veranschaulichen.

5. Karten und Lagerbuch.

Ueber die einzelnen Verloosungs=Bezirke oder, wenn es sich paßt, über mehrere derselben werden Gewannen=Karten angefertigt.

Wenn die ganze Consolidation beendigt ist, wird das Lagerbuch angelegt.

Die Gewannen=Karten werden in Form eines Atlas eingebunden.

Auf Grund des Lagerbuchs wird das Stockbuch angefertigt. Beide werden bei der Gegenwart durch Fortschreibung des Güterwechsels erhalten.

Gewöhnlich wird gleich nach Ausführung eines Special=Plans die in der Instruction vorgeschriebene geometrische und arithmetische Revision vorgenommen.

6. Güterzettel, Restverzeichniß, Adjudication und Grenzbegang.

Aus dem Lagerbuch werden für jeden Interessenten Extracte gemacht, welche alle ihm zugetheilten Parzellen der Fläche und den Klassen nach enthalten. Daraus kann er nach Vergleichung mit den Besitzstandsregistern und Nachweisen ersehen, ob er vollständig befriedigt ist oder nicht.

Selten wird es wohl vorkommen, daß Anspruch und Entschädigung ganz gegeneinander aufgehen. Das Parzellarsystem, gegründet auf approximativer Wiedergewährung der früheren Bodenklassen in den verschiedenen Bezirken, läßt ein solches Resultat fast unmöglich erscheinen.

Darum ist denn auch das Restverzeichniß ein sehr wesentlicher Theil des Nassauischen Consolidations-Verfahrens.

Dasselbe weist für jeden Interessenten nach, was er zuviel und was er zu wenig erhalten hat.

Die Differenz, die immer nur gering sein darf, wird nach der Klassenwerthstabelle in Gelde ausgeglichen.

Am Schlusse des ganzen Verfahrens wird von dem Kreis-Amt die Adjudikation der neuen Besitzstände vollzogen, wodurch dieselben in den Besitz und das Eigenthum der Interessenten übergehen.

Den letzten Akt des Verfahrens bildet der äußere Grenzbegang des Consolidations-Areals, wobei die Vertreter der Nachbargemeinden zugezogen und letzteren die einzelnen Grenzsteine vorgezeigt werden.

In dem darüber aufzunehmenden Protokoll haben die Nachbargemeinden die Richtigkeit der Grenzen anzuerkennen.

D. Kosten.

Die Kosten theilen sich in solche, welche die Herstellung der Allgemeinen Meliorations-Anlagen, und in solche, welche das eigentliche Verfahren verursacht.

Jene sind verschieden nach Verhältniß der Ausdehnung, die den Meliorations-Anlagen gegeben wird. Die Kosten des Verfahrens zerfallen wieder in solche, die die Landes-Steuer-Kasse trägt, und in solche, welche die Interessenten aufbringen müssen.

Aus der Staatskasse werden alle diejenigen Kosten getragen, welche durch die Mitwirkung der ordentlichen Behörden und durch die Feststellung des General-Situationsplans entstehen.

Die Entscheidungen des Amts und der Landesregierung sind ganz gebührenfrei.

Die Kosten, welche die Interessenten tragen, und die hauptsächlich in der Remuneration des Geometers und der Taxatoren, in der Ablohnung der Ruthenleger, u. s. w. bestehen, machen im großen Durchschnitt drei Gulden pro Meter-Morgen aus, was bei dem sehr zerstückelten Grundbesitz und der Beibehaltung des Parzellen-Systems nicht bedeutend und nur aus den geringen Remunerationssätzen der Geometer und Taxatoren erklärlich ist.

Der Erlös aus dem Verkauf der Masseparzellen zum Besten der Consolidations-Gesellschaft deckt oft einen großen Theil der Kosten.

E. Erfolge.

Ich habe schon zweimal und zwar in höherem Auftrage das Nassauische bereist, um die Resultate der dortigen Consolidationen an Ort und Stelle kennen zu lernen.

Die erste Reise führte mich nach dem Westerwald, die zweite, der sich Herr Landrath Simons von Vogelsang bei Cöln anschloß, in die Lahngegend und in das Amt Königstein, in die fruchtbarste Gegend des Herzogthums.

Der technische Chef des Nassauischen Consolidations-Wesens, Herr Ministerial-Revisor Künkler von Wiesbaden, und mehrere Consolidations-Geometer, insbesondere Herr Baldus von Nenderoth, begleiteten uns.

Letzterer hat die dieser Schrift angehängten Karten von Heckholzhausen und Weiskirchen gefertigt.

Auf der Reise wurden wir von der regen Theilnahme überrascht, die das Consolidationswesen überall, wo es einmal Eingang gefunden hat, erweckt.

Am meisten aber wirkte die Anschauung der dadurch gewonnenen großen Resultate auf uns.

Herr Landrath Simons hat seine Anschauungen in dem am Schlusse des §. 3. angeführten Schriftchen niedergelegt.

Ehe ich von den Erfolgen spreche, will ich einige Worte über die Ausbreitung der Consolidationen vorausschicken.

Neben 76 regulirten Gemarkungen (vid. die Nass. Verordn. v. 22. März 1852) sind im Herzogthum Nassau bis Ende 1853 im Ganzen 160 Gemarkungen ganz und 43 Gemarkungen theilweise, zusammen mit einem Flächeninhalt von etwa 170,000 Morgen, also etwa 8 Quadrat-Meilen consolidirt worden. Bedenkt man, daß diese 170,000 Morgen nur Aecker, Wiesen und Gärten enthalten und in lauter Normalparzellen niedergelegt sind, so ist das Resultat nicht gering zu nennen.

Von den 203 ganz resp. theilweis consolidirten Gemarkungen fallen auf die nachstehend alphabetisch geordneten Aemter des Herzogthums:

Amt	ganz consolidirt	theilweis consolidirt
Braubach	—	—
Diez	1	11
Dillenburg	2	5
Eltville	—	—
Hachenburg	33	3
Hadamar	6	1
Herborn	10	1
Hochheim	—	1
zu übertragen	52	22

	ganz consolidirt	theilweis consolidirt
Uebertrag	52	22
Höchst	—	—
Idstein	1	1
Königsstein	2	—
Langenschwalbach	1	3
Limburg	1	—
Marienberg	—	3
Montabaur	21	1
Nassau	1	1
Nastätten	2	4
Reichelsheim	—	—
Rennerod	2	1
Rüdesheim	--	—
Runkel	5	4
St. Goarshausen	—	—
Selters	34	1
Usingen	1	—
Wallmerod	37	—
Wehne	—	2
Weilburg	—	—
Wiesbaden	—	—
macht obige	160	43

Hiernach hat sich die Güterconsolidation keineswegs gleichmäßig über das Land erstreckt.

In dem ärmsten Theile desselben, dem Westerwald, hat sie die größte, in dem reichsten, dem Rheingau und der Maingegend, die geringste, und in dem Lahngrund eine ziemliche Ausbreitung gefunden.

Die Erscheinung ist leicht erklärlich.

Auf dem nassen Höheboden des Westerwaldes müssen die Consolidationen durch ihre Meliorations-Anlagen größere Resultate erlangen können, als in Gegenden, wo die Kultur schon zu hoher

Blüthe gediehen ist, und dann freilich wird man sich immer ungern entschließen, einen werthvollen, fleißiger Kultur unterworfenen und einen reichen Düngerschatz bergenden Boden gegen andere Grundstücke, die man nicht kennt, umzutauschen.

Man sieht aber hieraus zugleich, daß, wo noch nicht das Bedürfniß der Consolidation gefühlt wird, die Segnungen derselben auch nicht aufgedrängt werden. Der Gang derselben ist langsam, nur das Beispiel, nicht der Zwang wirkt.

Einen bedeutenden Anstoß haben indessen die Consolidationen in neuerer Zeit dadurch erhalten, daß in Folge der Gesetze vom 15ten Mai 1851 für jeden Gemeindebezirk ein Stockbuch, in welches alle zu dem Vermögen der einzelnen Grundbesitzer gehörige Immobilien mit allen darauf haftenden Eigenthums-Beschränkungen, Lasten und Pfandrechten, unter Aufhebung aller stillschweigenden und General-Hypotheken, einzutragen sind, angelegt werden muß, denn, würde dasselbe schon vor der Consolidation angelegt, so müßte es wegen des totalen Umtausches der Grundstücke nach der Consolidation noch einmal gemacht werden, was doppelte Kosten verursachen würde. Das Stockbuch ist in Zukunft mit dem Steuer-Kataster verbunden.

Was nun die landwirthschaftlichen Erfolge betrifft, so müssen dieselben bedeutend sein, denn man nimmt in der Regel an, daß die Ertragsfähigkeit des Bodens dadurch um $\frac{1}{3}$ vermehrt wird, und die Güterpreise um das Doppelte wohl steigen.

Dieses Steigen der Güterpreise ist so urplötzlich, daß die Masseparzellen, welche unmittelbar nach der Ausführung der Consolidation zum Besten der Gesellschaft verkauft werden, sofort bei weitem höhere Preise als die bisher üblich gewesenen liefern. Und in der That, wenn die Zwecke, wie sie im Abschnitt B. dieses §. geschildert sind, erreicht werden, — was im Allgemeinen gewiß der Fall ist, — dann müssen auch die Erfolge groß sein, denn jedes auch noch so kleine Grundstück erhält dadurch eine angemessene

Form und Lage mit selbstständigem Zugang zu freiester Bewirthschaftung und mit möglichster Theilnahme an den allgemeinen Meliorations-Anlagen.

Schon das Bild einer consolidirten Gemarkung mit ihren regelmäßigen Gewannen, ihren neu gebauten Wegen, ihren gestreckten Bächen und deren regelmäßigen Böschungen, ihren Zu- und Ableitungs-Gräben und ihren Bewässerungs-Anlagen, macht einen wohlthuenden Eindruck.

Der Unterschied zwischen dem alten und neuen Zustand ist oft eminent.

Ich hatte auf meiner ersten Reise in Freilingen auf dem Westerwald am Saynbach, wo, als ich dort war, die eine Thalseite bereits consolidirt, die andere Seite dagegen noch in dem alten Zustande war, recht Gelegenheit, diesen Unterschied wahrzunehmen. Dort waren die großen Basaltblöcke, die kleinen Dornhecken, die nassen Wiesen mitten im Felde, die man hier noch sah, verschwunden; man hatte die Steine mit ungeheurer Arbeit herausgegraben und in die im Thal gelegene Bornwiese gefahren, um dort einen Damm aufzuführen, der jetzt in ziemlicher Höhe über eine sumpfige Wiese führt, die früher kaum zu passiren war; die kleinen Hecken waren ausgerodet, die Quellen gefangen, und das überflüssige stockende Wasser in unterirdischen Kanälen abgeführt und in Gräben geleitet, die wieder zu Wässerungen von Wiesen benutzt waren. Durch jenen Steindamm führte ein Durchlaß.

Vertiefungen und Höhlen waren ausgefüllt und Erhöhungen nach Fortschaffung der Steine eingeebnet.

Alle diese Arbeiten waren noch neu, der frühere Zustand ließ sich zum Theil noch erkennen, und die Grundbesitzer versicherten mich, daß er vollständig dem noch vorhandenen rohen und wilden Zustande der anderen Thalseite geglichen habe.

Bei der Feststellung des General-Plans wird energisch Hand an's Werk gelegt. Ich habe zweimal der Prüfung solcher Pläne beigewohnt.

Da werden mit Zustimmung der Interessenten, die, wenn sie einmal angeregt sind, gewissermaßen mit fortgerissen werden, Vicinalwege verlegt und neu gebaut, um den Gewannen und Parzellen eine bessere Lage und Zugänglichkeit geben zu können, in dem Dorfe wird selbst 'mal ein Haus versetzt, um bessere und bequemere Ausfahrten zu gewinnen *) und ganze Felder werden umgelegt.

Ich führe Marsayn als Beispiel dafür an. Dort hatte, wie in jenen Gegenden gewöhnlich bei der von willkührlicher Ueberwanderung begleiteten Parzellenwirthschaft, bis zur Consolidation die geschlossene Dreifelderwirthschaft bestanden. Eins der drei Felder lag fast eine Stunde von dem Dorfe entfernt auf einer steilen Anhöhe mit steinigem Boden. Bei der Consolidation legte man diesen ganzen Kopf zu Wald an, wozu er sich eignete, überließ ihn tauschweise der Gemeinde und rodete dagegen 300 Morgen Gemeindewald, welche sich in sanfter Abdachung fast bis an das Dorf hinziehen und tiefgründigen humusreichen Boden haben, aus. Jetzt befinden sich dort Kiefernkulturen und hier ein guter, bequem zu bewirthschaftender Acker.

Es darf hierbei nicht unerwähnt bleiben, daß von den Nassauischen Behörden das Gemeinde-Vermögen bei den Consolidationen mit Argusaugen bewacht wird.

Ich bin das ganze Saynthal von Wölferlingen oberhalb Freilingen an bis an die Preußische Grenze unterhalb Deesen durchwandert, und überall fand ich den Bach regulirt, die Wiesen zu beiden Seiten verbreitet und mit gelungenen Be- und Entwässerungs-Anlagen versehen. Man muß dort gewesen sein, um zu begreifen, welche außerordentlichen Anstrengungen die Grundbesitzer angewandt haben, um den Bach zu strecken, das alte Bett, so weit es verlassen ist, auszufüllen, die niedrigen aber steil aufsteigenden Thalwände — erst im Preußischen wird das Thal schroff und felsig — von den Steinen und Dornen zu befreien, sie abzu-

*) In Weroth im Amte Wallmerod ist dies geschehen.

tragen, und theils in Acker theils in Wiese zu verwandeln, dort hindurch Bewässerungsgräben zu ziehen und auf dem weithin sich ausdehnenden nassen Höheboden Entwässerungs-Gräben und Kanäle anzulegen, die Wege zu bauen und durch großartige Kultur-Arbeiten auf ihren neuen Grundstücken sich vollständig in den Besitz aller Vortheile der allgemeinen Meliorations-Anlagen zu setzen.

In dem kleinen Dorfe, — Hirzen, glaube ich, im Kirchspiel Breitenau, hat man durch Verrückung der Hofraithen und Hausgärten, die jetzt eine regelmäßige Gestalt haben und ordentlich befriedigt sind, eine breite Straße mit bequemen Ausfahrten gewonnen, und gleichzeitig den Hohlweg, durch den man unmittelbar beim Dorfe hindurch mußte, ausgefüllt, die Wege festgemacht und durch alles das dem Dorfe, durch dessen grundlosen Schmutz man früher kaum durchkommen konnte, ein freundliches Ansehen gegeben. Die wenigen Bewohner, dadurch angeregt, haben ihren Häusern einen neuen Anstrich gegeben, ihre Dungstätten besser eingerichtet und die sonst in den Dreck verrinnende Mistjauche auf die nahe gelegenen Bitzen (Wiesen) geleitet.

Treffend schildert Dr. Thomae, Director des Herzoglich Nassauischen Instituts der Landwirthschaft zu Wiesbaden und des Vereins Nassauischer Land- und Forstwirthe, — gewiß also ein kompetenter Richter, — in seinem in der Bonner General-Versammlung von 1853 gehaltenen Vortrage,*) die großen Vortheile der Consolidation im Nassauischen, und wenn dagegen behauptet worden ist, daß so elende Zustände, wie dort beispielsweise von Herrn Thomae geschildert worden, in der Rheinprovinz nicht vorkämen, so möchte hierbei doch wohl nicht an die Eifel und den Westerwald gedacht worden sein.

In den wohlhabenden Gegenden des Herzogthums haben übrigens, wie auch Herr Thomae anführt, und wie wir, Herr

*) v. Seite 58 u. f. der landwirthschaftlichen Zeitung für Rheinpreußen. Jahrgang 1854.

Simons und ich, auf unserer Reise wahrzunehmen Gelegenheit hatten, die Consolidationen nicht weniger günstige Resultate gehabt.

In den Gemarkungen Bommersheim und Weiskirchen, in der allerfruchtbarsten Gegend der Mainniederung zwischen Frankfurt a. M. und Homburg, in der Nähe großer, reicher Städte, versehen mit allen Absatzmitteln für die gewonnenen Producte, begleitete uns ein großer Theil der begütertsten Grundbesitzer, und konnte von den Segnungen der dort ohne irgend einen Widerspruch, mit vollständigster Zufriedenheit aller Interessenten ausgeführten Consolidationen nicht genug Rühmens machen.

Ganz besonders war daselbst eine Entwässerungs-Anlage mit Drainröhren für ein ziemlich ausgedehntes Feld in der Nähe des Dorfes Weiskirchen — wenn ich nicht irre — gelungen.

Die Schwierigkeiten einer richtigen Boden-Ausgleichung bei der Umlegung der Grundstücke sind trotz dem werthvollen Boden, den man in die Masse geworfen hatte, vollständig überwunden worden, ja! waren nach der Versicherung der Geometer bei der ebenen Lage der Feldmarken nicht so groß, als in den zwar ärmeren, aber hinsichtlich des Bodens schnell wechselnden Feldmarken der gebirgigen Landestheile.

Die Gebirgsthäler eignen sich in der Regel ganz besonders zur Ausführung von Bewässerungs-Anlagen.

In der Gemarkung Heckholzhausen, an der Chaussee zwischen Limburg und Weilburg, sahen wir eine solche Anlage. Der General-Plan dieser Feldmark, Anlage I, kann nur ein schwaches Bild davon geben, da er die Schwierigkeiten des Terrains nicht darstellt.

Ich will die mir mitgetheilten Notizen über die Wiesen am Eierwieserbache hier nachfolgen lassen. Die Richtigkeit derselben kann ich aus eigener Anschauung bestätigen.

Die Wiesen, die im Thal liegen, wovon die eine Seite allmälig ansteigt, die andere aber von einem ziemlich schroffen Waldabhang, der oft dicht an das Ufer des durchfließenden Baches tritt, gebildet wird, haben eine Gesammtfläche von 70 Morgen 99 □Ruthen 9 Sch. Nassauisches Metermaß, und wurden bei der Consolidation in folgende Klassen mit folgenden Werthen geschätzt:

261 □Rth.	55 Sch.	in Kl.	B.	à 4 Fl.	20 Kr.	=	1220 Fl.	34 Kr.
618 „	64 „	„ „	C.	„ 4 „	— „	=	2474 „	33 „
1234 „	94 „	„ „	D.	„ 3 „	20 „	=	4116 „	28 „
1541 „	31 „	„ „	E.	„ 2 „	40 „	=	4110 „	1 „
1321 „	22 „	„ „	F.	„ 2 „	— „	=	2642 „	13 „
991 „	50 „	„ „	G.	„ 1 „	20 „	=	1322 „	— „
633 „	71 „	„ „	H.	„ - „	40 „	=	422 „	28 „
134 „	60 „	„ „	J.	„ - „	20 „	=	44 „	52 „
38 „	84 „	„ „	K.	„ - „	10 „	=	6 „	28 „
322 „	78 „	„ „	Null	„ - „	— „	=	— „	— „
Summa wie oben 7099 □Rth.	09 Sch.				Summa	=	16,359 Fl.	37 Kr.

Bei der Consolidation dieser Wiesen wurde von dem Geometer Baldus ein Bewässerungsplan projectirt, den die Interessenten nach Zutheilung der neuen Parzellen auszuführen beschlossen.

Im Frühjahre 1853 hatten die Interessenten ihre neuen Wiesen erhalten und im Frühjahr 1854 waren letztere bereits ganz kunstmäßig umgebaut.

Die Correction des Baches, in einer Länge von 543 Ruthen, die Anlage der Bewässerungsgräben, welche eine Länge von 1220 Ruthen haben und der Bau der Stauwehre sind für Rechnung der Gesellschaft durch Accord-Arbeit ausgeführt worden. Die Wiesen selbst haben die Grundbesitzer nach dem Nivellementsplan unter Aufsicht eines Consolidations-Gehülfen mit eigener Hand in der kurzen Frist von etwas mehr als einem Jahre vollständig kunstmäßig umgebaut.

Es war hierbei bestimmt, daß jeder seine Wiese bis zu einer bestimmten Zeit fertig haben mußte, widrigenfalls der Bau auf seine Kosten durch Verdung-Arbeit ausgeführt werden sollte.

Aber da hätte sich ja Jeder geschämt, es bis dahin kommen zu lassen.

Mit der milden Erde, die der Auswurf des neuen Bachbettes und der Gräben, sowie die Herstellung der planmäßigen Böschungen im Menge gab, wurde das alte Bachbett, das dem neuen Besitzer als werthlos zufiel und der Lohn seiner Arbeit wurde, ausgefüllt, die Wiesen waren so schön geebnet, mit dem Hang nach dem Bach, daß es eine Freude war, das Werk zu betrachten. Gleichzeitig hatten die Grundbesitzer dabei Gelegenheit, den Wiesenbau zu erlernen und sich darin vollständig einzuüben, was für die Unterhaltung der Anlage von großer Wichtigkeit ist.

Es liegt auf der Hand, daß durch jenen Bau, der die zurückgelassenen Stein- und Kiesgerölle des austretenden, nun aber an sein Bett gefesselten Baches, die Malsträucher mitten in den Wiesen, die Vertiefungen u. s. w. fortgeschafft, überall hin die Schlammerde des Baches ausgebreitet und jedes Stück Wiese der Berieselung mit dem fruchtbaren Bachwasser, für dessen wiederholte Zuleitung mehrere Stauwehre angebracht sind, theilhaftig gemacht hat, die Wiesen sich bedeutend gebessert haben.

Die Grundbesitzer, die, wie man sich denken kann, ein großes Wohlgefallen an ihrem Werk haben, nehmen an, daß die Wiesen jetzt sämmtlich **wenigstens** den Werth von Klasse C. haben.

Diese Annahme leidet, wie der Augenschein beweist, eher an Bescheidenheit, als an Ueberschätzung. Es stellt sich darnach folgende Berechnung heraus:

Die Wiesen in Klasse B. im Betrage von 261 □Rth. 55 Sch. à 4 Fl. 40 Xr. pro Ruthe, behalten ihren Werth von 1,220 Fl. 34 Xr.
Alle anderen Wiesen in einer Gesammtfläche von 6837 □Ruthen 54 Sch., welche mit der Fläche in Klasse B. wieder die 70 Morgen 99 □Ruthen 9 □F. geben, haben den Werth in Klasse C. à 4 Fl. pro □Ruthe, macht = ... 37,350 „ 9 „
in Summa = 38,570 Fl. 43 Xr.

Der Werth der Wiesen hätte sich also gegen früher, wo sie nur einen Gesammtwerth von = 16,359 Fl. 37 Xr. hatten, um . . . . 12,211 Fl. 6 Xr. vermehrt.

Hiervon kommen an baaren Auslagen in Abzug:

1) Die Kosten der Bachregulirung und Graben-Anlage = ... 1716 Fl.

2) Die Kosten der Stauwehre, die noch nicht fertig waren, aber nach dem Anschlage = ... 680 "
betragen sollten.

3) Die accordmäßigen Consolidationsgebühren des Geometers à 2 Fl. pro Morgen = ... 142 "
(die eigentlich zu den Kosten des Verfahrens und gar nicht zu den Meliorationskosten gehören) und

4) die Kosten der Beaufsichtigung und Leitung der Bauten = ... 206 "

Summa = 2,744 " — "

es bleibt somit ein Gewinn von . . . . . . = 9,467 Fl. 6 Xr.

der als die reiche Belohnung des Fleißes der Grundbesitzer anzusehen ist.

Angenommen, daß auf 100 □Ruthen der Klasse B. 30 Centner Heu und 10 Centner Grummet wachsen, und daß in den übrigen Klassen nach den oben angegebenen Werthsverhältnissen ein in demselben Verhältniß bleibender geringerer Ertrag erzielt werde, so berechnet sich der Heu- und Grummet-Ertrag

a) vor der Consolidation auf = ... 1399 Centner
und

b) nach derselben auf . . . . 2433 „

Mithin steht ein Mehrgewinn von . . . . . 1034 Centner
jährlich in ziemlich gewisser Aussicht.

Neben den landwirthschaftlichen Erfolgen treten geistige und rechtliche hervor.

Der rege Eifer, der durch die Consolidationen in den Gemeinden, die solche vornehmen, hervorgerufen wird, ist nicht der geringste Erfolg, dessen sie sich zu rühmen haben. Es wird dadurch eine Unternehmungs- und Arbeitslust erzeugt, die die Gemarkungen in wenig Jahren förmlich umwandelt.

Durch die Feststellung der Grenzen wird eine Sicherheit des Grund-Eigenthums hervorgerufen, wie sie nie zuvor da gewesen ist.

§. 5.

Die Preußischen Specialseparationen.

Es giebt keine Landeskultur-Gesetzgebung, die eine so organische Entwickelung nachzuweisen hätte, wie die Preußische.

Von dem Augenblicke an, wo der Kartoffel- und Kleebau, die Sommerstallfütterung, überhaupt auf der einen Seite die rationellere Entwickelung der Landwirthschaft und auf der anderen Seite die rasch zunehmende Vermehrung der Bevölkerung die Abschaffung der Dreifelderwirthschaft mit Flurzwang und Koppelhütung, die Aufhebung der jede gedeihliche Waldkultur hindernden Forstservituten, und die Theilung der Landeskultur fast verlorner Weideflächen erheischten, von diesem Augenblicke an suchte man in Preußen, dem Bedürfniß nach Neugestaltung der ländlichen Verhältnisse auf gesetzlichem Wege, mit gebührender Entschädigung der bestehenden Rechte, Befriedigung zu verschaffen.

Es ist hier nicht der Ort, diese Gesetzgebung, die ein schöpferischer Geist durchweht, in ihrem historischen Gange auch nur in allgemeinen Umrissen zu skizziren.

Eine sehr tief eingehende, interessante Darstellung davon giebt die Einleitung zu dem Werke von Lette und von Rönne:

„Die Landeskultur-Gesetzgebung des Preußischen Staats." Berlin, 1853 bei Veit et Comp.

Hier soll diese Gesetzgebung nur in Betreff der Spezial-Separationen mit wirthschaftlicher Zusammenlegung der Grundstücke betrachtet werden.

A. Gegenstand und Zweck der Specialseparationen.

In der Regel sind die Weide- und Forstländereien einer Feldmark gemeinsames oder Gemeinde-Eigenthum der Dorfbewohner, die Acker-, Wiesen- und Gartenländereien aber immer privatives Eigenthum ihrer Besitzer. Sie sind ursprünglich, mit Ausschluß der Gärten, der gemeinschaftlichen Weidenutzung unterworfen gewesen und in so weit sind auch die privativen Acker- und Wiesengrundstücke gewissermaßen ein Gemeingut geblieben.

Zur Lösung dieses Zustandes bietet sich die Theilungsklage dar.

Schon das Allgemeine Land-Recht, Theil I. Titel 17. Abschnitt 4, und die Allgemeine Gerichts-Ordnung von 1793 Theil I, Titel 43, auf den denselben Zweck verfolgenden vielfachen Verordnungen Friedrichs des Großen fortbauend, gestatteten jedem Interessenten mit jener Klage

„die Aufhebung der Gemeinheiten, welche in gemeinschaftlichen Aengern und Hütungsflächen oder in vermischten Aeckern und Wiesen bestehen,"

zu verlangen.

Da Aecker und Wiesen aber im Gemenge, oder, wie eben gesagt worden ist, in vermischter Lage d. h. der ursprünglichen Vertheilung gemäß in den verschiedenen Feldern, Districten und

Schlägen der Feldmark für jeden Besitzer zerstreut umherliegen, so konnte, wenn Ein Interessent die Aufhebung der Gemeinheit insbesondere auch für seine privativen Grundstücke verlangte, die Ausscheidung derselben aus der Weidegemeinschaft nicht anders als mit Zusammenlegung seiner und mit Verrückung der Grundstücke aller anderen Interessenten erfolgen, denn sonst würde Ersterer keine Wege zu seinen zerstreut umherliegenden Grundstücken, die er nun zur freien und unbeschränkten Benutzung ausgewiesen erhalten hatte, gehabt haben und die anderen die Weidegemeinschaft fortsetzenden Interessenten würden darin durch die überall zwischen liegenden und zu schonenden Grundstücke des Ausgeschiedenen gestört worden sein.

Mit jeder Gemeinheits-Theilung war also nothwendigerweise auch eine Expropriation der privativen Grundstücke selbst derjenigen Interessenten, welche diesem Antrage nicht beigetreten waren, verbunden, und deshalb bestimmte das Land-Recht und die Gerichts-Ordnung, daß dieser Antrag nur dann zulässig sein solle, wenn zuvor durch das Gutachten sachkundiger Landwirthe nachgewiesen würde:

> daß die Theilung möglich und nicht blos zum Vortheile des Antragenden, sondern auch zu dem aller anderen Interessenten und überhaupt zum Besten der Landes-Kultur gereiche.

Bei der Verrückung der übrigen Interessenten sollte nämlich immer eine bessere Eintheilung ihrer Ländereien als bisher stattgefunden hatte, vorgenommen werden.

Man sieht, wie vorsichtig man die Frage angriff.

Der Theilungsklage reihte man die für Expropriationen vorgeschriebenen Erfordernisse an.

Inzwischen war man durch die Erfahrung in der Ausführung der Gemeinheits-Theilungen von den unbedingt immer eintretenden großen Vortheilen dieser Kulturmaßregel überzeugt worden, und die Gemeinheits-Theilungs-Ordnung vom 7ten Juni 1821 that daher nichts, als wozu sie berechtigt war, als sie im §. 23. die Vermuthung aussprach:

„Es sei ohne Beweisführung anzunehmen, daß jede Gemeinheitsauseinandersetzung zum Besten der Landeskultur gereiche und ausführbar sei."

Nunmehr waren die Gemeinheits-Theilungen und die damit verbundenen Zusammenlegungen der Grundstücke ohne Weiteres auf den Antrag auch nur Eines Interessenten zulässig. Diese in §. 4. der obgedachten Ordnung enthaltene Bestimmung rief jedoch mannigfache Beschwerden hervor. Es kam nicht selten vor, daß, nachdem für Einen Interessenten eine Specialseparation stattgefunden hatte, alsbald ein neuer Grundbesitzer, der Weidegemeinschaft, in der er damals noch geblieben war, nun ebenfalls sich entziehen wollend, wiederholt diese in das Eigenthum so sehr tief eingreifende, und mit vielfachen Kosten verbundene Maßregel verlangte. Folgten sich dergleichen Anträge mehrere Male, so entstand dadurch unter denjenigen Interessenten, welche für den neuen Zustand noch nicht reif waren, eine Beunruhigung und Unsicherheit des Besitzstandes, die jedenfalls größere Nachtheile mit sich führte, als die Ausscheidung aus der Weidegemeinschaft und die Zusammenlegung der Grundstücke Einzelner Interessenten Vortheile bieten konnte. Zwar sollte, wie bereits angeführt, bei der neuen Eintheilung der der gemeinschaftlichen Hudenutzung unterworfen bleibenden Grundstücke gleich immer auf die künftig unfehlbar vollständig eintretende Separation aller Interessenten gerücksichtigt werden; aber dies ließ sich nicht so thun, daß nicht doch stets wieder ein neuer, wenn auch nicht so weit gehender Umtausch von Ländereien vorgenommen werden mußte. Aus diesen Gründen traf die Verordnung vom 28sten Juli 1838 die beschränkenden Bestimmungen:

1) daß, wenn eine Gemeinheits-Theilung bloß mit Umtausch der Ackerländereien ausgeführt werden könne, dieselbe nur

auf den Antrag der Grundbesitzer des 4ten Theils der durch jenen Umtausch betroffenen Ländereien stattfinden solle, und

2) daß nach einer solchen Specialseparation innerhalb der nächstfolgenden zwölf Jahre eine neue mit Umtausch verbundene Ausscheidung der in Gemeinschaft verbliebenen Grundbesitzer nur dann zulässig sein solle, wenn die Mehrzahl der Interessenten damit einverstanden sei.

Diese Bestimmungen, die durch Artikel 13 des Ergänzungs-Gesetzes vom 2ten März 1850 auf alle Theile der Monarchie, in denen die Gemeinheits-Theilungs-Ordnung vom 7ten Juni 1821 gilt, ausgedehnt worden sind, hatten ihren Zweck, den wiederholt vorkommenden Expropriationen auf einer Feldmark einen Damm zu setzen, erreichend, die sehr wohlthätige Folge, daß seitdem die Special-Separationen sich in der Regel auf den ganzen Umfang der Feldmark erstreckt haben.

Nach der vorangegangenen Darstellung des Entwickelungs-Ganges der Special-Separationen ist es nicht schwer, den Begriff und Gegenstand sowie die Zwecke derselben näher zu bestimmen.

Unter Special-Separation einer Feldmark versteht man jetzt einerseits die Aufhebung aller auf einer Feldmark stattfindenden Koppel- und einseitigen Hütungsrechte, sowie der vermengten Lage der Aecker, Wiesen und sonstigen mit diesen Hütungs-Rechten beschwerten Grundstücke und andererseits die neue Vertheilung des Grund und Bodens der Feldmark an die Interessenten nach Maßgabe ihrer Entschädigungs-Ansprüche:

a) für ihre Antheilsrechte an der gemeinschaftlichen Weidemasse und

b) für ihre privativen Grundstücke abzüglich des in die gemeine Masse fallenden Weidewerthes,

in möglichst zusammenhängenden und wirthschaftlich gelegten Stükken oder Plänen (Koppeln), nach vorausgegangener Regulirung allgemeiner Meliorations-Anlagen, als Wege, Ent- und Bewässerungs-Anstalten, Lehm- und Mergel-Gruben, Flachsröthen u. s. w., unter denen die Wege die Hauptrolle spielen, da es unumgängliche Bedingung ist, daß jeder Interessent einen freien Zugang zu seiner Abfindung zur freien ungehinderten Bewirthschaftung und Benutzung derselben habe.

Gegenstand der Special-Separationen sind also nur die einer gemeinschaftlichen Benutzung unterworfenen und im Gemenge liegenden Grundstücke einer Feldmark.

Die bloß vermengte Lage der Aecker, Wiesen und sonstigen Ländereien ohne gemeinschaftliche Benutzung begründet keine Auseinandersetzung nach den Vorschriften der Gemeinheits-Theilungs-Ordnung.

(§. 2. daselbst)

Die Gärten, die immer hütungsfrei sind, dürfen somit nicht mit zur Umlegung herangezogen werden, insofern sie der Eigenthümer nicht freiwillig dazu anbietet.

Bedingung der Special-Separationen, die immer mit Acker-Umtausch verbunden sind, ist außer der Hütungsbelastung der zu separirenden Grundstücke die Zustimmung der Grundbesitzer des vierten resp. auch des größeren Theils des belasteten Ackers der Feldmark.

Zweck derselben ist vor Allem die Servitutbefreiung und wirthschaftliche Zusammenlegung der Grundstücke einer Feldmark.

Jene, die Servitutbefreiung, ist die Lösung des alten, diese, die wirthschaftliche Zusammenlegung der Grundstücke, die Schaffung des neuen Zustandes.

Wir haben oben gesehen, daß das Prinzip der möglichsten Zusammenlegung des Grundbesitzes der Interessenten eine natürliche Folge des einseitigen Provokationsrechts der Interessenten, der Ausscheidung ihrer Grundstücke aus der Weidegenossenschaft der dieselbe fortsetzenden übrigen Grundbesitzer war.

Daß man das neue Verhältniß aus dem alten, sich selbst

erzeugend, entwickelt hat, ist ein Zeichen hoher Gesetzgebungs-Weisheit.

Dies ist nur bei uns geschehen.

Auf das Ziel der möglichsten Zusammenlegung der Grundstücke haben indessen auch die Güter-Verhältnisse der östlichen Provinzen, welche hauptsächlich bei Abfassung der Gemeinheits-Theilungs-Ordnung vorgeschwebt hatten, hingeführt.

Dort existirt nämlich, abgesehen von allen städtischen Feldmarken, im Allgemeinen der Hofbesitz, dessen Ländereien, wie bei §. 1. gezeigt worden ist, zwar in zerstreuter Lage auf der Feldmark umherliegen, die aber doch in einem rechtlichen Pertinenzial-Verbande mit dem Hofe stehen.

Dieser Hofbesitz bildet ein rechtliches Ganzes; er zerfällt bekanntlich unter sehr verschiedenen Namen in Spänner-, Köthner- und Gärtner-Stellen und diese wieder in verschiedene Unterabtheilungen. Die ersteren sind zur Bebauung mit Gespann bestimmt, bilden eine selbstständige Ackernahrung und haben vollen Theil an allen Gemeindeberechtigungen; die Gärtner oder Büdner bilden dagegen die Tagelöhner der ersteren, haben nebenbei so viel Land, daß sie darauf ihren Kartoffel- und Gemüsebedarf ziehen und in der Regel das Recht, eine Kuh mit Jungvieh auf die Gemeinde-Weide zu treiben; die Köthner oder Kossäthen stehen in der Mitte, halb zum Dienen, halb zum selbstständigen Ackerbetrieb bestimmt mit einem aliquoten Theil an allen Mark-Berechtigungen.

Diese Verhältnisse, neben denen der sogenannte Wandel- oder Parzellar-Besitz ohne Zusammenhang mit einem Hof in den Provinzen östlich der Elbe immer nur die Ausnahme bildet, mußten natürlich dahin führen, jedem Hof seinen oft mehrere Hundert Morgen umfassenden Grundbesitz in einer zusammenhängenden wirthschaftlichen Lage, in einer abgerundeten Koppel, zu freier Bewirthschaftung mit selbstständigen Zugängen, auszuweisen.

Dies ist das Ziel der Preußischen Güterzusammenlegung nach

den Grundsätzen der Gemeinheits-Theilungs-Ordnung vom 7ten Juni 1821.

(vid. §§. 61 u. 95 dieser Ordnung.)

Da damit eine vollständige Umlegung der Grundstücke ohne Rücksicht auf deren frühere Lage verbunden ist, so muß sich, gemäß dem §. 67 daselbst jeder Interessent für einen Ausfall in der Güte einen Zusatz in der Fläche und eine Austauschung der verschiedenen Kultur-Arten nach den festgestellten Werthsverhältnissen gefallen lassen.

Das Princip der vollständigen Zusammenlegung, deren große Vortheile in dem Abschnitt:

„Erfolge"

noch näher vor die Augen treten werden, hat man indessen später, wo sich die Special-Separationen auch auf die Provinz Sachsen links der Elbe und auf die Provinz Westphalen, in denen der Wandelbesitz, die Grenze des eigentlichen Frankenrechts überschreitend,*) gleichfalls weit verbreitet ist, ausgedehnt hatten, auch auf den Parzellar-Besitz angewendet. Bei der größeren Zerstückelung des Grundbesitzes traten hier auch um so leuchtender die großen Vortheile der Zusammenlegung hervor, und letztere hatte überdem noch den nicht hoch genug anzuschlagenden Erfolg, daß dadurch der künftigen Zerstückelung ein Damm gesetzt wurde.

Auch im Preußischen benutzt man die Gelegenheit, welche die Special-Separationen, die durch ihre Entziehung des Eigenthums die größtmögliche Disposition darüber gestatten, bieten, um die Feldmark nicht blos mit den großartigsten Meliorationen zu versehen, sondern auch andere ihnen eigentlich fremde Zwecke, namentlich die Anlegung und Erweiterung von Kirchhöfen, die bessere Dotirung der Schulen, zu erreichen.

Von einer eigentlichen Regulirung der Feldmark wie im

*) v. Seite LIX der Einleitung zu Lette's und v. Rönne's Landes-Cultur-Gesetzgebung.

Nassauischen, d. h. der verschiedenen Kulturarten und der Bildung neuer Gewannen, kann freilich bei dem von den Special-Separationen verfolgten Ziel der möglichsten Zusammenlegung des Grundbesitzes der Interessenten nicht die Rede sein.

Dagegen wird mit gleicher Sorgfalt wie im Nassauischen für die Anlegung nicht blos von Kulturwegen, um jedem Plan seinen selbstständigen Zugang zu verschaffen, sondern wesentlich auch von Kommunikations-Wegen, die in der Regel kunstmäßig ausgebaut werden, und die das Dorf mit in das große Verkehrsnetz des Landes aufnehmen, und dann ganz besonders für die Beschaffung der Vorfluth, also für die Anlegung offener Entwässerungs-Gräben, um später überall das große Kultur-Mittel der Drainage in Anwendung bringen zu können, gesorgt.

(v. §§. 95 bis 97. der Gemeinheitstheilungs-Ordnung.)

Zugleich wird auf die Ausweisung gemeinschaftlicher Lehm-, Sand-, Kalk- und Mergelgruben, Kalk- und Steinbrüche, soweit dies in jedem gegebenen Falle möglich ist, hingewirkt.

(v. §. 99. a. a. O.)

Für die Bildung von Be- und Entwässerungs-Genossenschaften kann bei der Ausführung des Separationsplans, unter Anwendung der Gesetze vom 28sten Februar 1843 über die Benutzung der Privatflüsse, vom 15ten November 1811 wegen Beschaffung der Vorfluth, und vom 11ten Mai 1853, betreffend die Bildung von Genossenschaften zu Entwässerungs-Anlagen und die Anwendung der Vorfluthsgesetze auf unterirdische Wasserableitungen, gesorgt werden.

Ein Blick in die Nassauischen Karten, Anlage No. I bis IV und in die Preußische Karte, Anlage No. V, wird mit einem Schlag die großen Unterschiede erkennen lassen, die zwischen dem Preußischen Verkoppelungs-System und dem Nassauischen Parzellar-System obwalten.

B. Verfahren und Ausführung.

Das Preußische Verfahren ist einfacher, concentrirter und doch den Rechtsforderungen, die bei einer so tief eingreifenden Operation, wie die Umlegung der Grundstücke involvirt, gemacht werden müssen, mehr entsprechend, als das Nassauische.

Es beruht auf der Verordnung vom 20sten Juni 1817, wegen Organisation der General-Commissionen u. s. w., imgleichen wegen des Geschäftsbetriebes bei diesen Behörden, dem Gesetze vom 7ten Juni 1821 über die Ausführung der Gemeinheits-Theilungs- und Ablösungs-Ordnungen, der Verordnung vom 30sten Juni 1834, wegen des Geschäftsbetriebes in den Angelegenheiten der Gemeinheits-Theilungen, Ablösungen und Regulirung der gutsherrlich-bäuerlichen Verhältnisse, als Anhang zu der Verordnung vom 30sten Juni 1817 und dem Gesetze vom 7ten Juni 1821, sowie endlich auf der Verordnung vom 22sten November 1844 betreffend den Geschäftsgang und Instanzenzug bei den Auseinandersetzungs-Behörden.

Die nachfolgenden Zeilen werden sich übrigens nicht blos mit dem formellen Theil des Verfahrens, sondern auch mit den materiellen Grundsätzen der Ausführung, gleich wie dies bei dem Nassauischen Verfahren geschehen ist, beschäftigen, indessen nicht tiefer darauf eingehen, als dies gerade der practische Zweck dieser Schrift erheischt.

Zunächst sind auch hier einige Worte über die Organisation der Auseinandersetzungs-Behörden, ihrer Aufgabe und der Art des vor ihnen geltenden Verfahrens zu sagen.

Die Auseinandersetzungs-Behörden bestehen aus General-Commissionen, die in einigen Landestheilen von besonderen landwirthschaftlichen Abtheilungen der Regierungen vertreten werden, und Special-Commissarien und sind dem landwirthschaftlichen Ministerium untergeordnet.

Ihre Aufgabe ist

1) die Regulirung der gutsherrlich-bäuerlichen Verhältnisse,
2) die Ablösung der Reallasten, und
3) die Theilung der Gemeinheiten in Verbindung mit wirthschaftlicher Zusammenlegung der Grundstücke.

Die General-Commissionen sind kollegialische Behörden, deren Mitglieder, theils technisch, theils juristisch oder cameralistisch gebildet, sämmtlich die Laufbahn der Special-Commissarien durchgemacht haben müssen. Sie haben die Leitung, die Special-Commissarien, die theils Oeconomie-Commissarien, theils Justiz- und Regierungs-Assessoren sind, — welche letztere sich aber ebenfalls mit der landwirthschaftlichen Gewerbslehre vertraut gemacht haben müssen, — haben die Ausführung der Auseinandersetzungs-Geschäfte.

Mit der Einleitung derselben resp. mit deren Auftrag beginnt die Competenz jener Behörden, mit deren Beendigung hört dieselbe auf.

Sie vertreten während ihrer Wirksamkeit alle ordentlichen Gerichts- und Verwaltungs-Behörden bis auf wenige Ausnahmefälle.

Sie haben insbesondere einerseits die Entscheidung aller bei den Auseinandersetzungen vorkommenden Streitigkeiten nicht bloß über die Ausgleichung unstreitiger Theilnehmungsrechte, sondern, wenn diese selbst oder deren Umfang streitig werden, auch hierüber und andererseits die Wahrnehmung des landespolizeilichen Interesses in einem so ausgedehnten Maße, wie es den Regierungen nur selten geboten sein wird.

Die Streitigkeiten werden von den Special-Commissarien, die nur bei interimistischen Festsetzungen die Entscheidung haben, instruirt, von den General-Commissionen entschieden.

In 2ter Instanz entscheidet das Revisions-Collegium für Landeskultur-Sachen, und in 3ter Instanz, die aber nur bei Streitigkeiten über Theilnehmungs-Rechte und deren Umfang stattfindet, das Obertribunal.

(vid. das Weitere in der Allerhöchsten Kabinets-Ordre vom 14ten Dezember 1833.)

Bei der Instruction haben die Special-Commissarien die Untersuchungs-Maxime der Allgemeinen Gerichts-Ordnung in einem sehr ausgedehnten Maße anzuwenden.

Das ganze Verfahren, — also auch abgesehen von eigentlichen Streitigkeiten, — wird als ein prozessualisches in weiterem Sinne angesehen, wobei die Kontumazfolgen keine unbedeutende Rolle spielen.

Das Verfahren selbst, dessen obere Leitung der General-Commission gebührt, liegt in den Händen der Special-Commissarien, deren Verhandlungen die Kraft öffentlicher Urkunden, — und wenn sie in Prozessen aufgenommen sind — gerichtlicher Protocolle haben.

Die Bestätigung und Exekution der Rezesse, steht lediglich der General-Commission zu.

Außerdem haben die Auseinandersetzungs-Behörden das Interesse der entfernteren Theilnehmer, d. h. solcher, welche bei dem Verfahren nicht zugezogen zu werden brauchen, insbesondere der Hypotheken-Gläubiger, insofern wahrzunehmen, als es sich um die Sicherstellung der Rechte dieser Dritten handelt.

(vid. das Gesetz vom 29sten Juni 1835.)

Nur indem man die Summe aller dieser Befugnisse in die Hände der Auseinandersetzungs-Behörden, die die dazu erforderlichen Elemente in sich schließen und durch ihre fortgesetzte und ausschließliche Beschäftigung mit jenen tausendjährigen, darum oft höchst interessanten, aber nicht weniger verdunkelten Verhältnissen eine tief eindringende Kenntniß und Anschauung davon erhalten mußten, legte, ist es diesen Behörden möglich geworden, die ihnen gestellte, umfassende und schwierige Aufgabe mit Umsicht, Sicherheit und Energie ihrem Ziele nahe zu führen.

Bei jeder Special-Separation stehen dem Commissarius ein Feldmesser und zwei Boniteure zur Seite.

Der Geometer muß nicht bloß als solcher verpflichtet sein, sondern für die ihm übertragenen Geschäfte noch seine besondere Geschicklichkeit und Tüchtigkeit nachgewiesen haben.

Die General-Commission stellt den Geometer an, der Special-Commissarius betraut ihn mit der Bearbeitung der einzelnen Sachen.

Die Boniteure, die immer practische Landwirthe sein müssen, werden entweder für den besonderen Fall verpflichtet oder sind Kreisboniteure, d. h. zu dergleichen Geschäften in ihrem Bezirk ein für alle Mal verpflichtet.

Im letzteren Fall wählen unter ihnen die Interessenten; anderenfalls ernennt sie der Commissarius.

Sie müssen immer aus fremden, wenn auch benachbarten Orten sein, denn, wären sie als Zeugen unglaubwürdig, so könnten sie zurückgewiesen werden.

Ich gehe nunmehr zu den einzelnen Theilen des Verfahrens bei Special-Separationen über.

1. General-Verhandlung.

Diese hat neben vielem Anderen hauptsächlich die Ausmittelung der Interessenten und der zwischen ihnen obwaltenden Rechts-Verhältnisse, mit einem Wort die Feststellung des bisherigen, nunmehr aufzulösenden Rechtszustandes der Feldmark zum Gegenstande.

Wo Streit bleibt, muß er instruirt und zur Entscheidung der General-Commission vorbereitet werden.

Vor rechtskräftiger Feststellung der Theilnahme-Rechte und Verhältnisse kann nicht zur Berechnung des Sollhabens übergegangen werden.

Nicht die Begründung des neuen, sondern die ihr vorausgehende Auflösung oder vielmehr Feststellung des alten Rechtszustandes bringt die oft lange Dauer unserer Special-Separationen zu Wege.

In gemeinsamen Angelegenheiten müssen sich die Interessenten durch Deputirte vertreten lassen.

Sonst muß jeder selbst gehört werden.

2. Vermessung und Bonitirung der Feldmark.

Wo Karten vorhanden sind, werden diese genommen, vorausgesetzt, daß sie brauchbar sind.

In Westphalen ertheilt demgemäß die Katasterbehörde Kopien der betreffenden Flurkarten.

Dagegen läßt sich die Klassifikation und Klassirung des Grundsteuer-Katasters für eine Umlegung des Grundbesitzes, die selbstverständlich eine sehr specielle Würdigung der einzelnen Grundstücke voraussetzt, nicht gebrauchen.

Während das Kataster 4 und 5 Ackerklassen hat, brauchen wir bei Special-Separationen selten weniger als 7 und 9 Ackerklassen.

Der speciellen Bonitirung geht die Klassenfeststellung in den einzelnen Kulturarten: Acker, Wiese und Weide, voraus.

Sie geschieht unter Zuziehung der Boniteure durch den Commissarius nach vorangegangener sorgfältiger Untersuchung der Feldmark, bei welcher die Deputirten der Interessenten hauptsächlich mit thätig sind.

Die specielle Einschätzung der Grundstücke in die Klassen wird von den Boniteuren unter Leitung des Geometers von Stück zu Stück und zwar ohne Unterbrechung für die ganze Feldmark bewirkt.

Sind die Boniteure verschiedener Meinung, so entscheidet der Commissarius, wenn er Techniker ist, als Obmann.

Nach beendigter Bonitirung, die der Commissarius revidirt und abnimmt, wird sie vom Feldmesser berechnet.

Dieser stellt darauf das Vermessungs- und Bonitirungs-Register, das die Grundstücke jedes Felddistricts, wie sie der Reihe nach auf dem Felde folgen, nach Klassen und Kultur-Arten, für welche immer besondere Spalten angelegt sind, geordnet nachweist, und demnächst die Extracte, welche den Besitzstand jedes Interessenten in derselben Weise geordnet, nachweisen, auf.

Das Vermessungs- und Bonitirungs-Register mit den Extracten und die Karte im Maßstabe von 2500 gewöhnlich, werden zu Jedermanns Einsicht offen gelegt.

Jeder Interessent erhält aus den Extracten den ihn betreffenden Auszug.

Dann wird ein Termin zur Erklärung über das Vermessungs- und Bonitirungs-Register angesetzt, das mit den einzelnen Interessenten nicht blos nach der Karte, sondern erforderlichen Falls auch an Ort und Stelle speciell und genau durchgegangen wird.

Entstehen Streitigkeiten, so sind die Interessenten befugt, auf Revision und Feststellung der Bonitirung durch Schiedsrichter anzutragen.

Der Commissarius leitet das schiedsrichterliche Verfahren.

Die Interessenten werden mit ihren Erinnerungen gegen die schiedsrichterliche Feststellung gehört, ohne daß ihnen aber ein ordentliches Rechtsmittel dagegen zusteht.

Ist der schiedsrichterliche Ausspruch erschöpfend und keinen Rechtsgrundsatz verletzend, so sind auch die Behörden unbedingt daran gebunden.

vid. §. 31. littr. *a* der Verordnung vom 30sten Juni 1834 und die Ministerial-Instruction wegen des schiedsrichterlichen Verfahrens vom 12ten Oktober 1835 (Seite 647 u. f. Band I. der Landescultur-Gesetzgebung von Lette und von Rönne).

3. Klassen-Werthsbestimmung.

Sind die einzelnen Grundstücke der Feldmark in die verschiedenen Klassen- und Kulturarten eingeschätzt, so muß, um die bei der Separation eintretende Umtauschung der Grundstücke bewirken zu können, das Werthsverhältniß dieser Klassen und Kulturarten festgestellt werden.

Dies geschieht auf Grund selbstgewonnener Kenntniß der Feldmark, auf Grund genauer Erkundigungen bei den Interessenten selbst, und auf Grund der Angaben der Boniteure, durch den Commissarius, der dazu bei der Klassenfeststellung und während der Bonitirung alle Materialien zu sammeln hat.

Zur Begründung dieses Werths-Verhältnisses hat er genaue Berechnungen des privativen Nutzungswerths der Aecker und Wiesen und des Weidewerths derselben sowie der raumen und der mit Holz bestandenen beständigen Hütungsreviere nach Abzug aller Unkosten mit Rücksicht auf den ortsüblichen Betrieb der Landwirthschaft anzulegen.

Der Berechnung geht eine genaue Beschreibung der Feldmark und eine Characteristik der einzelnen Bonitirungs-Klassen voran.

Am anschaulichsten für die Interessenten und darum am zweckmäßigsten ist es, wenn die Berechnung in Gelde geschieht und die Werthe mit dem 25fachen Betrage des gefundenen Reinertrags in Kapital ausgedrückt werden.

Bei diesen Werthsberechnungen haben sich die Commissarien die technischen Instructionen der General-Commissionen zum Leitfaden dienen zu lassen.

(vid. §. 18. der Verordnung vom 30sten Juni 1834.)

4. Planberechnung.

Diese zerfällt in 2 Theile, wovon der erste das Sollhaben und der zweite das Haterhalten darstellt.

Das Sollhaben beginnt mit einer Darstellung der bestehenden Rechtsverhältnisse, wie sie durch Vergleich oder rechtskräftige Entscheidung festgestellt worden sind, weist sodann die zur Vertheilung kommende Gesammtmasse nach Flächeninhalt und Werth nach, und entwickelt darauf die Forderung jedes Interessenten an diese Masse.

Die Forderung der Interessenten ergiebt sich aus dem Gesammtwerth ihres Grundbesitzes erstens nach Abzug des Werths der Weide auf den solcher Servitut unterliegenden Ländereien, ferner durch Hinzurechnung des dem Besitzer resp. Berechtigten aus der Kommun-Weidemasse gebührenden Antheils, und endlich nach Abrechnung des von ihm zu den Wegen und Gräben, sowie zu anderen gemeinschaftlichen Anlagen und zur Schulausstattung zu leistenden Beitrags.

Bei Projectirung der allgemeinen Anlagen wird mit immer steigender Sorgfalt verfahren.

Bei den öffentlichen Wegen muß der Kreis-Landrath zugezogen werden. Bei größeren Be- und Entwässerungs-Anlagen, bei denen wohl auch Bautechniker und Wiesenbaumeister zugezogen werden, wird, wo es nöthig erscheint, das in den Gesetzen vom 28sten Februar 1843 und 23sten Januar 1846 vorgeschriebene sichernde Aufgebots- und Präclusions-Verfahren veranlaßt.

Das zu diesen Anlagen erforderliche Terrain kommt von der zur Vertheilung kommenden Masse zunächst in Abzug und wird durch die Interessenten nach Verhältniß ihres Sollhabens aufgebracht. Das durch eingehende Wege u. s. w. gewonnene Terrain geht nach demselben Verhältniß ihrem Sollhaben wieder hinzu.

Außerdem wird davon gewöhnlich auch, und zwar in gleicher Weise, zur Deckung des Bedürfnisses von solchen Feld- und Kulturwegen, deren Nothwendigkeit und Richtung sich erst bei der speciellen Planlegung ergiebt, ein allgemeiner angemessener Abzug gemacht.

Daraus entstehen, wenn dieser Reservefonds nicht ganz verbraucht wird, die sogenannten Dispositionsstücke, die nach Ausführung des Separations-Plans zum Besten der Masse verkauft werden.

Ist die Forderungs-Berechnung anerkannt, so geht der Commissarius zu dem 2ten Theil des Separations-Plans, der den neuen Rechtszustand und die neue Feldeintheilung, sowie die vollständige und zweckmäßige Abfindung aller Interessenten nachzuweisen hat, über.

Dabei wird die ganze zur Vertheilung kommende Feldmark als eine Masse betrachtet.

Zweck der Preußischen Special-Separationen ist nach dem Abschnitt A. dieses §. die möglichste Zusammenlegung des neuen Grundbesitzes.

Dabei muß jeder Interessent nicht blos für den vollen Werth seiner Forderung, sondern auch für den Unterschied in der Entfernung und für andere Vortheile der Lage entschädigt werden.

Eine Entschädigung, in deren freiem Gebrauch der Empfänger gehindert sein würde, ist keiner anzunehmen schuldig.

Auch kann eine Entschädigung, welche eine Veränderung der ganzen bisherigen Art des Wirthschaftsbetriebes nöthig machen würde, keinem Theilnehmer aufgedrungen werden.

Ist die Ausweisung der Abfindung in einer zusammenhängenden wirthschaftlichen Lage ohne Verkürzung einzelner Theilnehmer und ohne Aufopferung überwiegender Cultur-Vortheile nicht möglich, so kann sich keiner entbrechen, eine Landentschädigung in getrennter Lage anzunehmen, insofern sie den obigen Bestimmungen entspricht und eine zweckmäßige Bewirthschaftung gestattet.

Die Interessenten werden zwar mit ihren Wünschen gehört; allein die Bestimmung der Entschädigung und der Grundstücke, welche jeder Theilnehmer durch die Auseinandersetzung erhalten soll, geschieht durch die Auseinandersetzungs-Behörde, welche hierbei das landespolizeiliche Interesse wahrzunehmen hat, und möglichst verhüten soll, daß kein Theil gegen den andern verkürzt und in seinen Nutzungen geschmälert werde, bei der Beurtheilung dessen jedoch nicht auf einzelne Stücke und Rubriken, sondern auf den ganzen Umfang der Wirthschaft eines jeden Theilnehmers, sowie sie vor und nach der Theilung sich verhält, Rücksicht zu nehmen hat.

(vid. No. 7. §§. 56 bis 107, Abschnitt I. der Gemeinheits-Theilungs-Ordnung vom 7ten Juni 1821.)

Es muß daher jeder möglichst wenige Pläne erhalten, durch deren Zahl in der Regel die Entfernungen und die besonderen Vortheile oder Nachtheile bestimmter Lagen der Feldmark, die trotz großer Mannigfaltigkeit der Terrain-Verhältnisse sich doch gewöhnlich in große Haupt-Abschnitte theilen läßt, ausgeglichen werden.

Abbauten kommen jetzt selten vor.

Jeder Plan muß einen selbstständigen Zugang zur freien und zweckmäßigen Bewirthschaftung haben.

Das neue Besitzthum darf die Wirthschaftsverhältnisse der Interessenten nicht verrücken. Darum sucht man ihnen ihren neuen Grundbesitz hauptsächlich da wieder zu gewähren, wo sie vor der Separation ihre meisten Grundstücke gehabt, und bemüht sich, eine richtige Ausgleichung hinsichtlich der Klassen- und Culturarten zwischen dem neuen und alten Besitzstand zu erreichen.

Man giebt ihnen also annähernd wieder, was sie in den verschiedenen Culturarten und wenn auch nicht in jeder Klasse, so doch in den besseren, den mittleren und schlechteren Klassen vorher gehabt haben.

Die kleinen Grundbesitzer von wenigen Morgen findet man in der Regel in der Nähe des Dorfes ab, um sie in den Stand zu setzen, jede freie Stunde ihrem neuen Grundbesitz zu widmen, ihn fleißigster Spaten-Cultur zu unterwerfen und den Dünger in der Schiebkarre selbst hinzufahren.

Dadurch, daß die kleinen Leute nichts mehr auf der Feldmark zu suchen haben, wird den größeren Grundbesitzern indirect in Folge der Verminderung von Feldfreveln ein großer Vortheil gewährt.

Das sind im Allgemeinen die leitenden Grundsätze, welche theils die ausdrücklichen Vorschriften der Gesetze, theils die Anordnungen der Ministerien,

(vid. die Rescripte vom 6ten November 1827, vom 6ten Februar 1833, und vom 21sten November 1835, abgedruckt in Lette's und von Rönne's Landescultur-Gesetzgebung, Band I. Seite 548. u. f.)

theils endlich eine lange Erfahrung als nothwendig und zweckmäßig für die Interessen der Landes-Cultur und für eine gerechte und billige Ausgleichung der Theilnehmungs-Rechte und Wirthschaftsverhältnisse der Interessenten festgestellt haben.

Ist der Plan von dem Feldmesser berechnet, und auf die Karte aufgetragen, so wird er von dem Commissarius der General-Commission überreicht. Findet diese im landespolizeilichen Interesse nichts dagegen zu erinnern, so wird er den Partheien zur Erklärung über ihre richtige und zweckmäßige Abfindung vorgelegt.

Jeder erhält zu diesem Behuf den ihn betreffenden Plan-extract; Karte und Separations-Plan werden zu jedes Betheiligten Einsicht offen gelegt.

Die Pläne und allgemeinen Anlagen werden auf dem Felde abgesteckt und den Interessenten vorgezeigt.

Sind sie zufrieden, so werden ihnen ihre neuen Grundstücke in dem Ausführungstermine zur ausschließlichen Benutzung übergeben.

Finden sich Einwendungen, so hat sie der Commissarius, der in erster Instanz, wenn er die technische Qualifikation hat, allein, ohne Zuziehung eines neuen Sachverständigen, sein Gutachten abzugeben hat, zu instruiren.

Nach dem Schluß der Instruction entscheidet die General-Commission in erster Instanz über die Einwendungen der Unzufriedenen, stellt gleichzeitig den Plan überhaupt fest, und bestimmt den Tag der Ausführung, und ob dieselbe ungeachtet des gegen das Erkenntniß etwa einzuwendenden Rechtmittels dennoch stattfinden soll.

Dies darf aber nur geschehen, wenn aus den Umständen erhellet,

a) daß aus einem längeren Aufschub der Ausführung für die Parthei, welche solche verlangt, ein erheblicher und überwiegender Nachtheil erwachsen würde, und zugleich

b) daß der Gegenparthei für die ihr aus der früheren Ausführung entstehenden Nachtheile Entschädigung gewährt werden kann.

In zweiter und letzter Instanz, in welcher immer ein zweiter Oeconomie-Commissarius zugezogen werden muß, entscheidet das Revisions-Collegium für Landes-Cultursachen.

Darnach erfolgt die definitive Besitznahme der neuen Pläne.

5. Receß.

Ueber die Resultate der Auseinandersetzung wird von dem Commissarius ein Receß aufgestellt, den alle Interessenten, deren Legitimation feststehen muß, vollziehen und den die General-Commission demnächst bestätigt.

Nach dem Receß werden in Zukunft alle Verhältnisse der Interessenten in Bezug auf das Separations-Object beurtheilt.

Hauptsache darin sind die neuen Besitzstände und die Bestimmungen über den Ausbau und die Unterhaltung der allgemeinen Anlagen.

Grundsteuer-Kataster und Hypothekenbuch werden auf Grund des Recesses umgeschrieben.

Den Hypotheken-Gläubigern gegenüber gilt der Grundsatz, daß die neuen Grundstücke an die Stelle der alten treten.

Sind jene, was bei dem Hofbesitz in der Regel der Fall ist, gleichmäßig verhaftet gewesen, so tritt diese Regel ohne Weiteres in volle Anwendung.

Sind dagegen die einzelnen Grundstücke verschiedenen Lasten und Hypotheken unterworfen, so werden von dem zusammengelegten neuen Besitzstande ideelle Antheile nach Verhältniß des Werths der verhaftet gewesenen Grundstücke an die Stelle der letzteren gesetzt.

(vid. die Landescultur-Gesetzgebung von Lette und von Rönne Band I. Seite 593 u. f.)

Schulden und Reallasten haben übrigens noch niemals den Zusammenlegungen Schwierigkeiten bereitet und zwar aus dem sehr einfachen Grunde nicht, weil durch die Zusammenlegungen der Werth der verhafteten Grundstücke bedeutend erhöht wird und die öffentlichen Verkäufe in einer separirten Feldmark sich sofort vermindern.

6. Ausführungs-Verhandlung.

Der Receß dient dazu, die Interessenten möglichst bald in den titulirten Besitz ihrer neuen Grundstücke zu setzen, um ihnen dadurch die volle Verfügungsfähigkeit wieder zu verschaffen.

Wenn bis zur Vollziehung des Recesses die allgemeinen Anlagen noch nicht vollendet sind, so wird, sobald dies geschehen, darüber eine besondere Ausführungs-Verhandlung aufgenommen.

Bei dieser Gelegenheit erscheint die Bildung von Genossenschaften zur Be- resp. Entwässerung von Ländereien, wenn solche zweckmäßig und gemeinsam dazu eingerichtet werden können, rathsam.

Die Auseinandersetzungs-Behörden sind zur Regulirung von dergleichen Anlagen selbst ein Jahr noch nach geschehener Ausführung kompetent.

(vid. §. 171. der Verordnung vom 20sten Juni 1817.)

C. Kosten.

Im Preußischen betragen die eigentlichen Separationskosten, also ausschließlich der Kosten für Wege-Anlagen u. s. w. und der den Unterliegenden zur Last fallenden Prozeßkosten, im großen Durchschnitt 15 Sgr. bis 1 Thlr. 10 Sgr. pro Morgen des Separations-Objects. Eine Sache, die über 1 Thlr. pro Morgen kostet, wird schon für theuer angesehen.

Die Kosten werden in der Regel gleich beim Beginn der Sache auf mehrjährige Terminal-Zahlungen regulirt.

Die geringere Kostspieligkeit des Preußischen Verfahrens gegen das Nassauische liegt in der geringeren Arbeit, welche die Berechnung der großen Pläne unserer neuen Feldeintheilung gegen die vielen kleinen Normal-Parzellen der Nassauer macht.

D. Erfolge.

Als ich in dem Berichte an die Bonner General-Versammlung von 1853 dem Nassauischen Consolidations-Verfahren für die Rheinprovinz, in so fern man auch dort die Einführung eines derartigen Gesetzes wünschen sollte, — und zwar in der Erwägung, daß der dortigen Güter-Verfassung und Vertheilung des Grundbesitzes das Nassauische Parzellar-System mit seinen großartigen Meliorations-Anlagen, für die man in der Rheinprovinz einen besonders regen Sinn hat, passender sei, — den Vorzug vor dem Preußischen Verfahren gab, wurde ich von dem Königlichen Ministerium für landwirthschaftliche Angelegenheiten veranlaßt, eine Reise in den Geschäfts-Bezirk der Königlichen General-Commission zu Merseburg, worin gleichwie in der Rheinprovinz der Parzellar- oder Wandelbesitz gilt und wo man nichts destoweniger die geschilderten Grundsätze der Preußischen Gemeinheits-Theilungs-Ordnung bei der Zusammenlegung des zerstückelten an keinen Hof gebundenen Grundbesitzes mit großem Erfolg anwendet, zu machen.

Herr Landrath Simons hatte die Güte, mich auch dorthin zu begleiten.

Herr Präsident von Reibnitz und Herr Regierungs- und Landes-Oeconomie-Rath Oesten von Merseburg waren unsere Führer.

Unsere Reise berührte die Kreise Erfurt, Langensalza, Mühlhausen, Heiligenstadt, Worbis, Nordhausen und Sangershausen; wir haben die gesegneten Fluren der goldenen Au, die sich am Fuße des Kyffhäusers hinstreckt, und die gebirgigen armen Gegenden des Eichsfeldes gesehen. Abgesehen von den Rittergütern, die dort oft in viele Theile zerspalten sind und nur einen geringen Umfang haben, ist dort überall der Wandel-Besitz herrschend.

Aus den Karten und Plänen, die wir zum Theil an Ort und Stelle einsehen konnten, sowie durch eigene Anschauung überzeugten wir uns, mit wie großem Vortheile auch dort die vollständige Zusammenlegung des Grundbesitzes in Anwendung gebracht, wie bei dem Preußischen System die allgemeinen Meliorations-Anlagen keineswegs in den Hintergrund gedrängt und wie ohne gesetzliche Beschränkungen der Theilbarkeit die Zersplitterung des neuen Grundbesitzes gerade durch die großen Vortheile der Zusammenlegung und die zusammenhaltende Kraft, die in dieser selbst liegt, verhindert wird.

Ich bin seitdem in das Collegium der General-Commission für Westphalen und die Kreise Rees und Duisburg in der Rheinprovinz eingetreten und habe dort das Decernat unter andern von den Kreisen Hörter und Warburg, wo ebenfalls der Wandelbesitz herrscht, die Special-Separationen der Gemeinheits-Theilungs-Ordnung aber nichts destoweniger von Jahr zu Jahr an Ausbreitung gewinnen und durch die großen Vortheile, die sie mit sich führen, trotz dem zu Anfang oft heftigen Widerstreben, sich selbst von Ort zu Ort fortpflanzen, überkommen. Was ich in Sachsen zuerst gesehen, kann ich jetzt für den südlichen Theil des Fürstenthums Paderborn aus eigner Erfahrung bestätigen.

Die schnell wechselnde Beschaffenheit des Bodens und der Lage, die man in gebirgigen Gegenden überall findet, der werthvolle und in hoher Cultur stehende Acker, der bei Magdeburg, Quedlinburg und Halle nicht geringer ist, wie in der Rheinprovinz, selbst die unterirdischen Schätze, wie namentlich die Porzellan-Erde bei Halle u. s. w., sind keine Schwierigkeiten, die nicht überwunden werden könnten. Man hat sie überwunden, und hat ohne Verletzung der Interessenten die reichen Segnungen der Zusammenlegung der Grundstücke herbeizuführen gewußt.

Wenn man also aus jenen der Rheinprovinz allerdings zum Theil auch eigenthümlichen Zuständen auf der Bonner General-Versammlung einen Einwand gegen die Zusammenlegungen hat herleiten wollen, so hat ihn die Erfahrung bereits anderwärts bei gleichen Zuständen widerlegt.

Die Vortheile der Zusammenlegung sind schon so oft geschildert worden, daß ich mich einer wiederholten Aufzählung derselben enthalten kann.

Sie bestehen vorzugsweise in der Ersparung an Zeit und Arbeitskraft, in der freien Benutzung des Eigenthums, in dem Antheil an den allgemeinen Culturverbesserungen, in der Herstellung vollkommenster Rechtssicherheit und in der Weckung aller geistigen Kräfte und einer ungeahnten Regsamkeit und Thätigkeit eines Standes, den man sonst der Trägheit und Stumpfheit beschuldigen mußte.

Dieser Stand, die breiteste und conservativste Grundlage des Staats, ist durch die Regulirungen und Ablösungen sein eigener Herr geworden.

Auch der Bauer kann jetzt sagen: die Arbeit ist ihres Lohns werth.

Indem er den Lohn vor Augen sieht, der neue Zustand zur Arbeit zwingt und das Beispiel der Andern spornt, erwacht jene Thätigkeit, die in national öconomischer Beziehung fast eben so werthvoll ist, als die Zusammenlegung des Grundbesitzes selbst.

Nichts beweist die großen Vortheile der Special-Separationen mehr, als jener Eifer, den sie hervorrufen, als die große Zufriedenheit, die entsteht, sobald der Kampf der collidirenden Interessen aus ist und jeder in den ruhigen Besitz seiner neuen Pläne gekommen ist, als endlich die wachsende Anhänglichkeit an das neue, in großen, abgerundeten Plänen vor Augen liegende Besitzthum, das durch Zersplitterung sofort an Werth verlieren würde.

In keinem Lande haben die Zusammenlegungen eine solche Ausbreitung gefunden, wie in Preußen.

Nach der letzten von dem Königlichen Ministerium für die landwirthschaftlichen Angelegenheiten veröffentlichten Zusammenstellung der von den Auseinandersetzungs-Behörden im Jahre 1854 ausgeführten Gemeinheits-Theilungen mit Hinzurechnung der Resultate aus den Vorjahren bis Ende 1853 sind bis zum Schluß des Jahres 1854

50,394,624 Morgen

separirt, resp. von allen Holz-, Streu- und Hütungs-Servituten befreit worden; das giebt eine Fläche von circa 2240 □Meilen, so daß also fast die Hälfte des ganzen Preußischen Staats, der mit Einschluß der Rheinprovinz aber mit Ausschluß von Hohenzollern, einen Flächeninhalt von 5080,48 □Meilen umfaßt, in den neuen Zustand übergeleitet worden ist.

Unter jener Fläche stecken indessen nicht bloß die speciell separirten und zusammengelegten Acker- und Wiesenländereien, wenngleich dieselben einen großen Theil derselben einnehmen.

Bei jenen Separationen waren nicht weniger als 1,595,002 Besitzer betheiligt.

Um die großen Vortheile der Special-Separationen zu veranschaulichen, will ich hier die Beschreibung zweier separirten Feldmarken folgen lassen.

Beispiele wirken mehr, als die noch so sorgfältige Aufzählung aller einzelnen Vortheile.

Von der einen, der Feldmark Kirchheim bei Erfurt hat bereits Herr Simons in seiner Schrift:

„zur Consolidationsfrage mit besonderer Rücksicht auf die Agrar-Verhältnisse der Rheinprovinz,"

eine genaue Beschreibung gegeben. Ich habe davon eine Karte fertigen lassen, die die neue Feldeintheilung und zum größeren Theil auch den alten Zustand nachweist, und die in der Anlage No. V. dieser Schrift beigefügt ist.

Die mir mitgetheilten Notizen geben folgende Darstellung von der Special-Separation von Kirchheim:

1. Es sind darin 3816 Morgen zur Auseinandersetzung gekommen.

Hiervon waren belegen:

a) im Königreich Preußen	3703 Morgen,
b) im Herzogthum Sachsen-Koburg-Gotha .	33 " "
c) im Fürstenthum Schwarzburg-Sondershausen	74 " "
d) im Fürstenthum Schwarzburg-Rudolstadt .	6 " "
sind wie oben	3816 Morgen.

Von diesen Flächen gehörten an:

aa) der Ackercultur	3225 Morgen,
bb) der Wiesencultur	360 " "
cc) der Forstcultur	6 " "
dd) der Dorflage und den Dorfgärten . . . und	114 " "
ee) den Wegen, Gräben, Rainen u. s. w. .	111 " "
wie oben	3816 Morgen.

2. Von jenen Acker- und Wiesenländereien von zusammen 3585 Morgen waren im privativen Besitz:

a) des früheren Erbstands-Guts	597 Morgen,
b) der bäuerlichen Wirthe . . . . und	2853 " "
c) der Forensen	135 " "
in Summa =	3585 Morgen.

3. Die voraufgeführten Acker- und Wiesenflächen waren vor der Separation in 5600 Grundstücke zersplittert.

Die Karte giebt ein Bild dieser Zersplitterung, die der in der Rheinprovinz wenig nachgiebt.

Von den 5600 Grundstücken fielen:

a) 5080 auf den Acker und

b) 520 auf die Wiesen.

Es lagen davon

aa) 5364 Parzellen ganz auf Preußischem Gebiet

und bb) 236 Grundstücke theils ganz in fremden Gebieten, theils waren sie von den verschiedenen Hoheitsgrenzen durchschnitten.

4. Die vorerwähnten 5600 Grundstücke gehörten 412 Interessenten, und zwar

a) 289 Parzellen einheimischen

und b) 123 desgleichen auswärtigen Besitzern. Letztere waren sämmtlich Ausländer.

5. Von den 5600 Parzellen besaßen:

a) das Erbstandsgut und zwar

α) innerhalb des Preußischen Gebiets	116
β) theils von den Hoheitsgrenzen durchschnitten, theils ganz in fremdem Gebiet belegen	8
	= 124

b) die bäuerlichen Wirthe

α) innerhalb des Preußischen Gebiets	5140
und β) theils von der Grenze durchschnitten, theils ganz im Auslande belegen	76
	= 5216

und

c) die auswärtigen Interessenten

ad α)	108
ad β)	152
	= 260

sind wie oben = 5600 Grundstücke.

6. Der durchschnittliche Flächeninhalt der Parzellen betrug somit vor der Separation:

a) für das Erbstandsgut $\frac{597}{124}$ = cr. 4,8 Morgen,

b) für die bäuerlichen Wirthe $\frac{2853}{5216}$ = cr. 98½ □Ruthen, und c) für die auswärtigen Interessenten $\frac{135}{260}$ = cr. 98½ □Ruthen.

7. Wie aus Obigem erhellet, lagen vor der Separation viele Grundstücke der einheimischen Interessenten in fremden Hoheitsgebieten, oder aber sie wurden doch von den Hoheitsgrenzen durchschnitten.

Ebenso wurden die Forensen-Grundstücke theils von den Hoheitsgrenzen durchschnitten, theils lagen sie im Preußischen Gebiete.

Bei der Planzutheilung sind nun vorerst durch Austauschungen, so weit dies möglich war, die Forensen (hier Ausländer) innerhalb ihrer betreffenden Hoheits-Grenzen abgefunden worden, so daß von den 123 Forensen 112 bei der inneren Separation von Kirchheim ganz ausschieden; dahingegen sind aber die Grundstücke der Interessenten in Kirchheim, welche in fremdem Gebiete lagen, sämmtlich eingetauscht worden.

Die Wichtigkeit dieser Operation liegt auf der Hand.

8. Nachdem diese Austauschungen stattgefunden, waren bei der inneren Separation noch betheiligt:

a) 289 einheimische Interessenten

und b) 11 Forensen oder Ausländer.

9. Für die vorgedachten 300 Interessenten sind überhaupt 559 Planstücke, einschließlich von 21 im Anschluß der Gehöfte gewährten Plänen mit circa 27 Morgen, von 126 Krautlands-Plänen mit circa 193 Morgen und von 123 Wiesen-Plänen mit circa 138 Morgen, ausgewiesen worden, und zwar im Speciellen:

a) für das Erbstandsgut = 2 Pläne mit in Summa . . . . 647¾ Morgen,

b) für die 228 bäuerlichen Wirthe = 546 Pläne mit in Summa . . . . . . 2774 „

und c) für 11 Forensen = 11 Pläne mit in Summa . . . . 17¾ „

10. Der durchschnittliche Flächen-Inhalt, welcher auf einen bäuerlichen Plan fällt, beträgt hiernach, wenn man die vorerwähnten 21 Anschluß-, 126 Krautlands- und 130 Wiesenpläne hinzurechnet $= \frac{2774}{546} =$ cr. 5 Morgen, und wenn man letztere nicht hinzurechnet,

$$\frac{2774-(27+193+138)}{559-(21+126+130)} = \frac{2416}{282} = \text{cr. } 8\tfrac{1}{2} \text{ Morgen.}$$

Die einzelnen Pläne selbst sind je nach der Größe der Besitzungen, welche bis zu 76 Morgen ansteigen, bis zur Größe von $44\frac{1}{2}$ Morgen ausgewiesen worden.

11. Zu den Meliorationen, welche die Special-Separation in's Leben gerufen hat, sind zu rechnen:

a) die Regulirung des Wipferbettes unterhalb des Dorfes, wodurch nicht nur das Dorf vor Ueberschwemmung geschützt und die Ausführung einer Bewässerungs-Anlage ermöglicht wird, die cr. 107 Morgen Wiesen speist, sondern auch die sogenannten Erlenwiesen entwässert werden;

b) die Ausweisung eines Hauptgrabens durch das Alkerslebener und Arnstädter Feld Behufs Sicherung der Ländereien vor Ueberschwemmung resp. Entwässerung derselben oberhalb des Diebsteigs und der sehr saueren und nassen Wiesen am und im Bach;

c) die Ausweisung eines Hauptgrabens Behufs Entwässerung der Pfarrwiese und der daselbst belegenen sehr nassen Ländereien der Querstücke;

d) die Ausweisung resp. Regulirung eines Hauptgrabens durch das Erfurter Feld, den Merbachsberg und langen Born u. s. w., wodurch die daran grenzenden Ländereien vor Ueberschwemmung geschützt und die nassen Ländereien entwässert werden, oder letzteres doch sehr leicht durch Ausführung von Drainagen erfolgen kann;

e) die Ausweisung von Gräben zur Entwässerung der Ziegelsklinge, Hornungsweiden und der im Anschluß derselben belegenen Flächen, so wie zur Abführung des Tagewassers aus dem Erfurter Felde.

Unter Benutzung dieser Gräben hat bereits eine wesentliche Entwässerung der Grundstücke durch Drainage stattgefunden;

f) die Anlegung von Gräben nördlich des Dorfes Behufs Entwässerung der daselbst belegenen nassen Ländereien und Anlegung von Drainagen;

g) Die Entwässerung der sehr saueren Wiesen und Steingräben;

h) die Sicherung der Ländereien in der Gebind vor Ueberschwemmung und Entwässerung derselben durch Abzugsgräben und Drainage;

i) außerdem sind noch mehrere kleinere Gräben zur Entwässerung der Ländereien angelegt.

12. Die Regulirung des vorerwähnten Wipferbettes umfaßt bei einem Profile von 33 Fuß oberer Breite, 12 Fuß Sohle und circa 9 Fuß Tiefe eine Länge von circa 320 laufenden Ruthen.

13. An Gräben sind überhaupt circa 4000 laufende Ruthen angelegt oder regulirt.

14. Die Drainagen sind noch nicht alle ausgeführt. Bis 1854 waren ungefähr 22,000 Fuß Röhren gelegt.

15. Vor Ueberschwemmung werden mindestens 4- bis 500 Morgen gesichert und mindestens 6- bis 800 Morgen werden durch die vorgedachten Entwässerungs-Anlagen und Drainagen entwässert.

Der Bewässerung werden circa 107 Morgen unterworfen.

Als der Schulze des Dorfes uns auf der Feldmark umherführte und dabei den früheren Zustand und die durch die Separation bewirkte Veränderung desselben schilderte, zeigte er eine wahre Begeisterung für das vollendete Werk.

Er hatte selbst drainiren gelernt, um diesem wichtigen Culturmittel, für dessen Anwendung in Kirchheim alle nöthigen Anstalten getroffen sind, die größtmögliche Verbreitung zu verschaffen.

Die Zahl der Grundstücke, welche vor der Separation 5600 betrugen und nach derselben nur 559 betragen, hat sich um nicht weniger als 5041 Parzellen vermindert.

Darin liegt ein außerordentlicher, wohl gar der größte Vortheil. (vid. die Karte)

Eine zweite Feldmark, die wir einer genaueren Besichtigung unterwarfen, ist Haynrode im Kreise Worbis.

Schon 1842 wurde die Regulirung der Servituten, welche den Gemeinden Haynrode, Hauröden, Wallrode und Neustadt in den von Bültzingslöwenschen Waldungen der 5 Rittergüter zu Haynrode zustanden, beantragt.

Im folgenden Jahr wurde ein Special-Separations-Verfahren anhängig, das aber ursprünglich nur die Trennung zwischen Rittergut und Gemeinde Haynrode, welche letztere unter sich die Gemeinschaft fortsetzen wollte, bezweckte. Für das aus der Gemeinschaft und der vermischten Lage heraustretende Rittergut war also eine Special-Separation, für die in Gemeinschaft bleibenden bäuerlichen Wirthe dagegen, deren Ländereien indessen in Folge jener Ausscheidung gleichfalls neu hätten eingetheilt werden müssen, war eine General-Separation vorhanden.

Die Servituten, welche die Gemeinden auf den Waldungen des Ritterguts in Anspruch nahmen, von diesem aber zum Theil bestritten wurden, bestanden in Berechtigungen zur Weide, zum Raff- und Leseholz-Sammeln, zum Roden trockener Stämme, zum Streulaubsammeln und Dornenholen.

Im Fortgange des Verfahrens, das durch bedeutende Prozesse über jene Dienstbarkeits-Rechte, worüber eine schwierige Beweis-Aufnahme stattfand, aufgehalten wurde, entschlossen sich auch die bäuerlichen Wirthe zu Haynrode, sich selbst vollständig auseinanderzusetzen, und demgemäß die Special-Separation auch unter sich zu beantragen.

Im Jahre 1853 wurde die Sache ausgeführt. Für die Berechtigungen der Gemeinden, so weit sie ihnen zuerkannt waren, wurde Landentschädigung gewährt, welche bei der Special-Separation der Feldmark mit ausgewiesen und zugetheilt wurde.

Nachfolgend eine Darstellung dieser interessanten Sache:

1. Betheiligt waren dabei 350 Interessenten, nämlich

a) die 5 jetzt in Einer Hand vereinigten Rittergüter zu Haynrode,
b) die Kirche, Pfarre und die 2 Schulen daselbst,
c) 113 Häuser zu Haynrode mit voller und 22 Häuser daselbst mit halber Weideberechtigung,
d) die Besitzer der bäuerlichen Grundstücke auf der Feldmark, die allüberall Wandelgrundstücke sind und
e) außer der Gemeinde Haynrode die 4 auswärtigen hütungsberechtigten Gemeinden Neustadt, Hauröden, Wallrode und Breitenworbis, welche letztere nur auf der Feldmark Haynrode, nicht auf den Waldungen des Ritterguts die Koppelhude hatte.

2. Die Lage der Flur ist abwechselnd bergig und eben. Der Acker theilt sich in die beiden Hauptkategorien:

Kleiboden
Sandboden.

Die Wiesen sind theils zwei- theils einschürige, mit 30 Centnern bis herab zu 2 Centnern Heu-Ertrag.

Die Grundweiden können vortheilhaft zu Acker resp. Wiesen umgewandelt werden.

3. Die Dorffeldmark enthält:

a) an Acker	2201 Morg.	107 □Ruth.
b) an Wiesen	228 „	153 „
c) an Weideflächen	113 „	144 „
und d) an Wegen, Gräben, Unland u. s. w.	109 „	126 „
Summa =	2653 Morg.	170 □Ruth.

Die herrschaftlichen Waldungen betragen 2063 Morgen, die

größtentheils mit Laubholz bestanden sind, und ausgezeichnete Culturen enthalten.

4. Die 2430 Morgen 80 □Ruthen Aecker und Wiesen lagen vor der Separation in 2472 einzelnen Stücken vertheilt, so daß durchschnittlich jedes selbständige Grundstück nicht ganz einen Morgen Fläche enthielt.

Die 5 Rittergüter besaßen davon:

Acker	1210 Morgen	43 □Ruthen,
Wiesen	141 „	144 „
Summa =	1352 Morgen	7 □Ruthen,

welche in 452 Stücken zerstreut lagen, so daß also jede Parzelle nur 3 Morgen etwa enthielt.

Für die bäuerlichen Interessenten, deren Zahl 340 beträgt, verblieben daher noch 1078 Morgen 73 □Ruthen Acker und Wiesen in 2020 Stücken übrig, deren durchschnittliche Größe sonach circa $1/2$ Morgen betrug.

5. Durch die Special-Separation hat das jetzt combinirte Rittergut einen Hauptplan bekommen, der sich im Anschluß an die Waldungen ausdehnt, so daß letztere, welche nunmehr von aller Servitut frei, jetzt auch räumlich von den bäuerlichen Besitzungen ganz getrennt sind.

Außerdem hat das Rittergut einen kleinen Plan im Anschlusse eines Gartens und ein Grundstück, auf dem ein starker Wasserquell befindlich ist, aus dem ein Fischteich, der dort angelegt wird, gefüllt werden soll, erhalten.

Die 340 übrigen Interessenten, deren Zahl sich dadurch auf 242 vermindert, daß Mann und Frau oder Geschwister u. s. w., deren Antheile indessen subrepartirt worden, nur für Eine Person gerechnet worden sind, haben zusammen 292 Planstücke erhalten.

Das Rittergut hat also 449 Stücke weniger, und Acker, Wiesen und Waldung in einem zusammenhängenden Komplex empfangen.

Die bäuerlichen Besitzer haben 1728 Parzellen weniger erhalten, wodurch sich der Zusammenhang ihrer Besitzungen bedeutend erweitert hat.

198 Besitzer haben nämlich jeder nur einen Plan, die übrigen 44 Besitzer die übrigen 94 Pläne und zwar 6 Besitzer 3 und 38 Besitzer 2 Pläne bekommen.

Von den 242 bäuerlichen Interessenten besitzen:

	25	=	4 bis	10	Morgen
	9	=	10 bis	15	"
	8	=	15 bis	20	"
	5	=	20 bis	30	"
	5	=	30 bis	40	"
und	3	=	40 bis	50	"

Ueberhaupt besitzen diese 55 Personen zusammen 850 Morgen 167 □Ruthen und bleiben somit für die übrigen 187 Interessenten nur 227 Morgen 86 □Ruthen übrig.

6. Gegenstand der Auseinandersetzung waren überhaupt folgende Verhältnisse, welche zum Theil erst durch Erkenntniß festgesetzt worden sind:

a) die gemeinschaftliche Behütung der Anger, Aecker und Wiesen der Feldmark Haynrode durch die Gemeinde Haynrode, die Rittergüter daselbst und die Gemeinde Breitenworbis,
b) die gemeinschaftliche Behütung der Waldungen durch die Rittergüter und die Gemeinde zu Haynrode, sowie durch die Gemeinden Neustadt, Hauröden und Wallrode,
c) die vermengte Lage und außerordentliche Zersplitterung der Aecker und Wiesen,
d) das Baumpflanzungsrecht der Gemeinde zu Haynrode auf den Anlagen der Feldmark,
e) das Baumpflanzungsrecht der Rittergüter auf den Triften in den Waldungen,

f) die Rechte der Müller zu Haynrode zum Rasenstechen auf den Weideangern,

g) das Miteigenthum an den zur Unterhaltung des gemeinschaftlichen Zuchtbullen dienenden Grundstücken;

h) der Pferdepfingstrasen, von dem die Pfarre jährlich 7 Thlr. erhielt und der im Uebrigen von den pferdehaltenden Wirthen zu Haynrode benutzt werden konnte, und

i) die gemeinschaftliche Unterhaltung der Wege, Gräben, Brükken u. s. w.

7. Alle die vorstehenden Communion-Verhältnisse sind durch die Separation aufgehoben und jeder hat seinen Grundbesitz resp. seine Antheilsrechte in zusammenhängender Landentschädigung zur freien ausschließlichen Benutzung ausgewiesen erhalten.

Namentlich ist auch die Unterhaltungslast in Betreff der Wege und Gräben zwischen Rittergut und den einzelnen bäuerlichen Wirthen getheilt worden. Außerdem sind aber noch die beiden Schulen dotirt, ein neuer Begräbnißplatz angelegt, eine Baumschule ausgewiesen und umfassende Entwässerungs-Anlagen zur Ausführung gebracht worden.

8. Die Vortheile, welche das combinirte Rittergut durch die Separation erhalten hat, bestehen hauptsächlich darin, daß die Feldgrundstücke mit den nunmehr unbelasteten Waldungen in Verbindung gebracht sind, daß es seine Hunderte von Nachbaren an dem Walde los geworden ist, daß die oft streitigen Grenzen regulirt sind, daß der Ritterguts-Besitzer fähig ist, auf dem über 1000 Morgen umfassenden Hauptplan eine zweckmäßigere, den Verhältnissen entsprechende Schlageintheilung seiner Grundstücke unter Anwendung einer rationelleren Fruchtfolge einzuführen und darauf, nicht mehr durch zwischenliegende Grundstücke und lästige Dienstbarkeitsrechte gestört, alle möglichen Meliorationen, — für die, bei dem fortschreitenden Einfluß der Naturwissenschaften und der Mechanik auf die Agricultur, ganz vorzugsweise ein freies

Feld geschaffen werden muß, — vorzunehmen, daß endlich die zusammenhängende Lage der Rittergutsgrundstücke die Aufsicht wesentlich erleichtert und daß die Bewirthschaftung dadurch unter allen Umständen billiger geworden ist, als bisher.

Nicht fast weniger erheblich sind die Vortheile die den bäuerlichen Interessenten aus der Separation erwachsen sind.

Während vor derselben die Ländereien der bäuerlichen Wirthe in der ganzen Flur zerstreut umherlagen, ist ihr neues Besitzthum um das Dorf herum und in der Nähe desselben ausgewiesen worden. Zuerst kommen die kleinen Leute, weiter weg befinden sich die Großen.

Erstere brauchen für Dünger und Erntefuhren keinen Fuhrlohn mehr auszugeben; sie können das Alles selbst mit Schiebkarren bewirken.

In der Nähe des Dorfes haben sie überdies von dem besseren Lande in Haynrode erhalten, und da hier der Kleiboden dem leichteren Lehm- und Sandboden bei weitem nachsteht, so haben sie zu dessen Bearbeitung weniger Zeit und Kraft aufzuwenden und können, wenngleich sie weniger Fläche erhalten haben, doch immer auf sichere Erndten rechnen.

Die größeren bäuerlichen Wirthe genießen neben dem Vortheil der größeren Nähe den der Zusammenlegung; es sind Besitzer genug vorhanden, die statt 50 bis 80 Parzellen, die sie früher hatten, nur 2 Planstücke erhalten haben.

9. Als allgemeine Vortheile, welche dem Rittergute und den bäuerlichen Wirthen gemeinsam sind, sind folgende Umstände resp. Anlagen anzusehen.

a) Hören Alle Grenzstreitigkeiten und alle Prozesse über Abpflügen u. s. w. auf, da die Grenzen durch Steine gehörig markirt sind;

b) hören die Beschädigungen durch Ueberfahren, Wenden beim Pflügen u. s. w. auf; Jeder kann vom Wege aus auf seine Grundstücke kommen und Keiner braucht mehr den Anderen zu belästigen;

c) sind die Zugangswege, namentlich bei den steilen Parthien, bequemer und zweckmäßiger gelegt; die Wege sind möglichst gerade ausgewiesen und haben dadurch manche Flächen erspart werden können;

d) viele sonst nutzlos dagelegenen Flächen, sogenanntes Unland, können durch Fleiß in werthvolle, fruchttragende Grundstücke umgeschaffen werden; sie sind den Besitzern umsonst gegeben. Ihr Erwerbspreis besteht in den aufgewendeten Cultur-Kosten.

e) Durch die ersparten Furchen zwischen den vielen kleinen Parzellen ist viel Land gewonnen worden; und

f) die ausgedehnten Entwässerungs-Anlagen sind bereits oben erwähnt worden.

Es wird nicht nöthig sein, diesen aus der Wirklichkeit gegriffenen Beispielen noch etwas über die großen Erfolge der Special-Separationen hinzuzufügen.

§. 6.
Welches Verfahren verdient für die Rheinprovinz den Vorzug?

Wenn ich auch früher dem Nassauischen mit Rücksicht auf seinen Parzellar-Charakter den Vorzug gegeben habe, so darf mich das immer peinliche Gefühl, bekennen zu müssen, daß ich meine Meinung geändert habe, doch nicht abhalten, jetzt mich für das Preußische Verfahren auszusprechen.

Es ist immer schon bedenklich, die Grundsätze, die sich in dem bei weitem größten Theil der Monarchie bewährt haben, für eine einzelne Provinz aufzugeben. Die organische Entwickelung einer Gesetzgebung fordert, dem Bestehenden sich so viel als möglich anzuschließen.

Daß aber die Grundsätze unserer Gemeinheits-Theilungs-Ordnung über die Zusammenlegung der im Gemenge liegenden Grundstücke auf den Parzellar- oder Wandelbesitz nicht anwendbar wären, hat sich bereits durch die That widerlegt, indem, wie schon oft erwähnt und in dem letzten Abschnitt des vorigen §. nachgewiesen ist, die möglichst vollständige Zusammenlegung des Grundbesitzes auch bei dem Parzellar-Besitz in den Provinzen Sachsen und Westphalen, soweit derselbe hier gilt, mit Erfolg zur Anwendung gebracht worden ist.

Daß diese vollständige Zusammenlegung der nur partiellen, wie sie die Nassauer haben, bei weitem vorzuziehen ist, liegt auf der Hand.

Indem jene das Uebel der Zersplitterung vollständig heilt, bietet sie zugleich in sich selbst ein Präservativ gegen die Rückkehr dieses Zustandes.

Die Nassauer beschränken die Theilbarkeit, wir haben sie selbst für den Hofbesitz eingeführt.

Es wird nicht leicht vorkommen, daß Jemand ein großes wohlarrondirtes Grundstück zerschneidet. Dasselbe würde nicht bloß in seinen Augen, sondern auch in der That an Werth verlieren.

In allen Gegenden, wo der Wandelbesitz gilt, namentlich auch auf städtischen Feldmarken, wo der Grundbesitz mehr als irgend wo sonst ein Handels-Artikel ist, hat die Zusammenlegung desselben die Theilungslust, die früher dort geherrscht hatte, beseitigt.

Beschränkungen der Theilbarkeit für diese Gegenden wird man niemals einführen.

Die Zusammenlegung des Grund und Bodens hat nichts mit der rechtlichen Geschlossenheit des Grundbesitzes zu thun; sie hält vielmehr gesetzliche Beschränkungen der Theilbarkeit fern, weil sie eine factische Schranke gegen die Wiederkehr jener beklagenswerthen Parzellirungswuth, die nur in ungesunden Verhältnissen ihre Wurzel haben kann, ist.

Material zu großen Zusammenlegungen findet sich auch in der Rheinprovinz. Die dortigen Zustände sind, was Umfang der ländlichen Besitzungen, so wie Kleinheit und Vielheit der Parzellen betrifft, nicht schlimmer als in den geschilderten Theilen der Provinz Sachsen.

Die Weingegenden und engen Thäler nehme ich aus.

(vid. §§. 2. und 5. Abschnitt D.)

Das Nassauische Verfahren involvirt darum, weil es das Princip der Zusammenlegung nicht vollständig durchführt, keineswegs etwa eine geringere Verletzung des Eigenthums.

Die Grundstücke werden dort eben so wie im Preußischen verrückt, wenn sie auch mehr oder minder in derselben Lage verbleiben. Das formale Recht wird dadurch nicht weniger verletzt, und wenn in Preußen eine vollständige Verlegung des Grundbesitzes eintritt, so ist man hier doch nicht dem Zufall des Looses ausgesetzt, sondern sehr sorgfältige Erwägungen aller withschaftlichen Verhältnisse lassen bei der Organisation, dem Geschäftsgang und dem Instanzenzug unserer Auseinandersetzungs-Behörden, wohl ganz selten Verletzungen zu, die nicht durch die großen Vortheile der Zusammenlegung mehr als ausgeglichen würden.

Daneben ist das Preußische Verfahren bei weitem weniger kostspielig als das Nassauische.

In der Rheinprovinz, wo bereits alle Grundstücke durch das Grundsteuer-Kataster vermessen sind, und wo die Zusammenlegung nicht mehr an das Vorhandensein einer Gemeinheit geknüpft werden könnte, würden die Kosten noch viel geringer sein.

Gerade die Feststellung der Theilnehmungsrechte und des Umfanges derselben an den gemeinschaftlichen Gründen und Nutzungen macht oft schwierige und kostspielige Ermittelungen und Berechnungen nöthig.

Das Eigenthumsrecht an den privativen Grundstücken ist nur selten Gegenstand von Prozessen.

In der Rheinprovinz würde eine Sache selten länger als 2 bis 3 Jahre dauern können.

Nach der Gemeinheits-Theilungs-Ordnung entwickeln sich die Zusammenlegungen aus dem frühern Zustand der Weidecommunion gewissermaßen ganz von selbst.

An diesen Zustand kann in der Rheinprovinz, wie gesagt, nicht angeknüpft werden.

Das öde Weidegangsrecht, in so fern es auf einer Feldmark nach unvordenklichem Ortsgebrauch noch ausgeübt wird, kann zufolge §. 5. der Rheinischen Gemeinheits-Theilungs-Ordnung vom 19ten Mai 1851 jederzeit durch einen Beschluß des Gemeinderaths aufgehoben werden.

Die Koppelhütungen zwischen mehreren Gemeinden sind ohne Weiteres aufgehoben.

Alle anderen auf dem Grundeigenthum lastenden Nutzungs-Berechtigungen, welche als culturschädlich anerkannt sind, können nach der Gemeinheits-Theilungs-Ordnung vom 19ten Mai 1851, die für die Rheinprovinz mit Ausnahme der Kreise Rees und Duisburg, sowie für Neu-Vorpommern und Rügen ergangen ist, abgelöst werden, und der §. 18. dieses Gesetzes bestimmt ausdrücklich, daß „kein Besitzer genöthigt werden solle, sich einer Umlegung derjenigen seiner Grundstücke, welche er nicht zur Abfindung aufzuhebender Berechtigungen abtreten muß, Behufs Erlangung einer wirthschaftlichen Lage zu unterwerfen."

In der Rheinprovinz müßte man also dem Beispiel anderer Staaten, die die Zusammenlegung lediglich von dem derselben entgegengesetzten Zustande, nämlich von der Zerstückelung und zerstreuten Lage des Grundbesitzes und von der Zustimmung einer mehr oder minder starken Majorität der betheiligten Grundbesitzer abhängig machen, folgen.

Wir haben im §. 1. gesehen, daß durch die bloße Bestimmung:

Jeder solle seinen Grund und Boden willkührlich benutzen können, der Grundbesitz noch nicht frei geworden ist.

Herr General-Commissarius Jonas nennt in seiner ausgezeichneten Rede in der Bonner General-Versammlung

(vid. Seite 54 u. f. der landwirthschaftlichen Zeitung für Rheinpreußen. Jahrgang 1854.)

den Zustand, wie er jetzt ist, einen unfertigen, der sich auf das früher bestandene Verhältniß der Gleichmäßigkeit der Bestellung und der gemeinsamen Benutzung der Felder gründet, und der eine vollständige Umlegung der letzteren erheischt, wenn er den Anforderungen einer freien und rationellen Landwirthschaft zugänglich gemacht werden soll.

Der Zustand der Zerstückelung, der zerstreuten Lage und der Zugangslosigkeit der Grundstücke in der Rheinprovinz ist für ebenso culturschädlich anzusehen, als jene Dienstbarkeits-Rechte, von denen er nur eine Folge ist.

Aus diesem Grunde ist die Zusammenlegung der Grundstücke bloß wegen zerstückelter und zerstreuter Lage derselben vollständig gerechtfertigt; das Bedürfniß dazu für die Rheinprovinz glaube ich im §. 1. hinreichend nachgewiesen zu haben, und wie auch die Königreiche Sachsen und Hannover besondere Gemeinheits-Theilungs-Ordnungen besitzen, daneben aber die Zusammenlegung der Grundstücke bloß wegen zerstreuter Lage und Zerstückelung derselben, und zwar ersteres durch das §. 3. gedachte Gesetz vom 14ten Juni 1834 und letzteres durch die ebendaselbst aufgeführten Gesetze vom 30sten Juni 1842 und 12ten Oktober 1853, anordnen, so mögen auch wir diesen weiteren Schritt thun.

Soll aber ein derartiges Gesetz Wirkung haben, so darf es die Maßregel der Zusammenlegung nicht an die Zustimmung aller Grundbesitzer binden.

Nur das muß Bedingung sein, daß sie nicht früher durchgeführt werde, als bis das Bedürfniß dazu vorhanden ist.

Der competenteste Richter hierüber ist die Gemeinde selbst, die die Zusammenlegung verlangt; deren Ausführung aber nicht an dem Widerspruch einer kleinen Minorität scheitern darf.

Aus diesem Grunde verlangt:

Hannover (§. 2. des Verkoppelungs-Gesetzes), daß

1) die Mehrheit der Eigenthümer der zusammenzulegenden Grundstücke sich dafür erkläre;

2) daß die Grundstücke dieser Mehrheit, nach der in der Mutterrolle angegebenen Größe berechnet, $^2/_3$ des Flächengehalts der zusammenzulegenden Grundstücke betragen, auch

3) $^2/_3$ des in den Grundsteuer-Mutterrollen verzeichneten Steuer-Kapitals aller zusammenzulegenden Grundstücke der Feldmark auf jene Mehrheit fallen.

Sachsen (vid. §. 3. des Gesetzes vom 14ten Juni 1834):
das Einverständniß von mindestens zwei Drittheilen, und

Nassau, das die Forensen nicht mitzählt,
gleichfalls das Einverständniß von 2 Drittheilen der stimmführenden Mitglieder der consolidirenden Gemeinde, welche aber die Hälfte des zusammenzulegenden Grundbesitzes haben müssen.

Alle verlangen also das Einverständniß von zwei Drittheilen der betheiligten Grundbesitzer. Ob diese Forensen oder Mitglieder der Gemeinde, deren Feldmark consolidirt werden soll, sind, würde für die Rheinprovinz, wo in der Regel viele auswärtige Grundbesitzer vorhanden sind, keinen Unterschied machen können.

Dagegen würde ich nach dem Grundsatz unserer Gemeinheits-Theilungs-Ordnung, deren Vorschriften nicht ohne Noth zu verlassen sind, die $^2/_3$ der Stimmen lediglich nach den Theilnehmungs-Rechten und zwar in der Weise berechnen lassen, daß die Besitzer von $^2/_3$ der aus dem Grundsteuerkataster zu ermittelnden Fläche der zusammenzulegenden Acker- und Wiesenländereien damit einverstanden sein müssen.

Die Zustimmung nur der Besitzer des 4ten Theils bloß der Ackerländereien zu fordern, wie es die Verordnung vom 28sten Juli 1838 thut, würde sich nicht rechtfertigen lassen, da wir das Zustandekommen einer Zusammenlegung an andere Bedingungen binden müssen, als unsere Gemeinheits-Theilungs-Ordnung, für die selbst die Zustimmung des 4ten Theils der Grundbesitzer eine Verletzung des Princips, das die Zusammenlegung nur als Folge einer Gemeinheits-Theilung, dann aber auch auf den Antrag jedes einzelnen die Theilung fordernden Interessenten zuläßt, und also lediglich eine Zweckmäßigkeits-Maßregel ist.

Mehr als die Zustimmung der Besitzer von zwei Drittel der Fläche zu verlangen, würde aber ebenso wenig gerechtfertigt sein. Will man mehr, so schließt man sich eben denjenigen an, welche die Maßregel überhaupt nur mit Zustimmung aller Interessenten durchführen wollen.

In solchem Fall will man sich auch wohl in der Rheinprovinz die Zusammenlegung gefallen lassen.

Allein man bedenkt nicht, was man verlangt.

Kann die Maßregel nicht ohne Zustimmung aller Interessenten ausgeführt werden, so müßten nicht bloß die Eigenthümer, sondern eben so gut auch alle Hypotheken-Gläubiger, gleichviel ob sie ihr Pfandrecht auf das Gesetz oder einen Vertrag stützen, und alle Pächter u. s. w. zugezogen werden.

Aber die Zustimmung allein würde eben so wenig durchhelfen. Es ist ein Grundsatz, den alle Consolidations-Gesetze haben; daß die Zurücknahme der einmal erfolgten Zustimmung nichts schadet. Nun ist der Antrag auf Zusammenlegung nur der Anfang der Sache. Diese tritt erst mit der Zusammenlegung selbst ein, und allen einzelnen dieselbe vorbereitenden Maßregeln, als da sind: die Bonitirung, die Werthschätzung der einzelnen Klassen, die Aufstellung des Sollhabens und vor allen Dingen die Planlegung und zuletzt der Receß.

Verlangt man nun freie Vereinbarung für die Maßregel, so müßte es jedem, wenn er ursprünglich auch dem Antrage auf Zusammenlegung zugestimmt hätte, frei stehen, in jedem Stadium des Verfahrens, wenn er sich etwa verletzt fühlte, oder wäre es auch nur eine Caprice von ihm, die ganze Maßregel, die er selbst etwa hervorgerufen, die vielleicht schon bedeutende Kosten verursacht hat, und deren Ausführung alle Andern mit Sehnsucht entgegensehen, wieder rückgängig zu machen.

Bebt man vor diesen Folgen nicht zurück, dann lasse man lieber die ganze Sache fallen.

Sie ist auf dem Wege der freien Vereinbarung nicht ausführbar.

In Hessen-Darmstadt hat man die Erfahrung gemacht und die Stände in Anerkennung der großen Vortheile der Zusammenlegungen haben daher den Erlaß eines die Minorität und die Unzufriedenen zwingenden Gesetzes beantragt.

Der Zwang ist als Expropriations-Maßregel gerechtfertigt.

Ein Zwang zu rechter Zeit bringt oft großen Segen.

Allerdings ist das Eigenthum unverletzlich. Aber die Formen desselben, seine äußere Erscheinung, sind wandelbar.

Auf diesen Grundsätzen beruht unsere große Agrar- und Landes-Cultur-Gesetzgebung.

Wenn die äußere oder rechtliche Gestalt des Eigenthums neuen Formen weichen muß, so verlangt das Princip der Unverletzlichkeit des Eigenthums nur volle Entschädigung. Diese wird bei der Zusammenlegung gegeben.

Ich hoffe, daß die Zeit kommen wird, wo man auch in der Rheinprovinz den Segen der Zusammenlegung der Grundstücke preisen wird.

Ein Land nach dem andern folgt auf dieser Bahn nach.

Die Regierungen fühlen, daß man in dieser Zeit, wo auf der einen Seite die immer mehr zunehmende Bevölkerung eine

Vermehrung der Lebensmittel erheischt, und wo auf der andern Seite ganze Klassen der Bevölkerung, wie namentlich der früher so blühende Handwerkerstand, durch die Macht der Industrie, die mit ihrem Fabriken- und Maschinen-Wesen die Handarbeit vernichtet, der Armuth und Unzufriedenheit Preis gegeben sind, der Landwirthschaft Schwung, — um durch immer größere Productions-Massen den Bedürfnissen der Menschen Genüge leisten zu können, — und dem conservativsten Element des Staats, dem Grundbesitz, Halt und Kraft verleihen muß, — um jenen aufgelösten Elementen, bis auch sie wieder in ruhige sichere Bahnen übergeleitet sind, die Stirne bieten zu können.

Druckfehler.

S. 10 Z. 5 v. o. soll stehen terra avita st. terra avitica

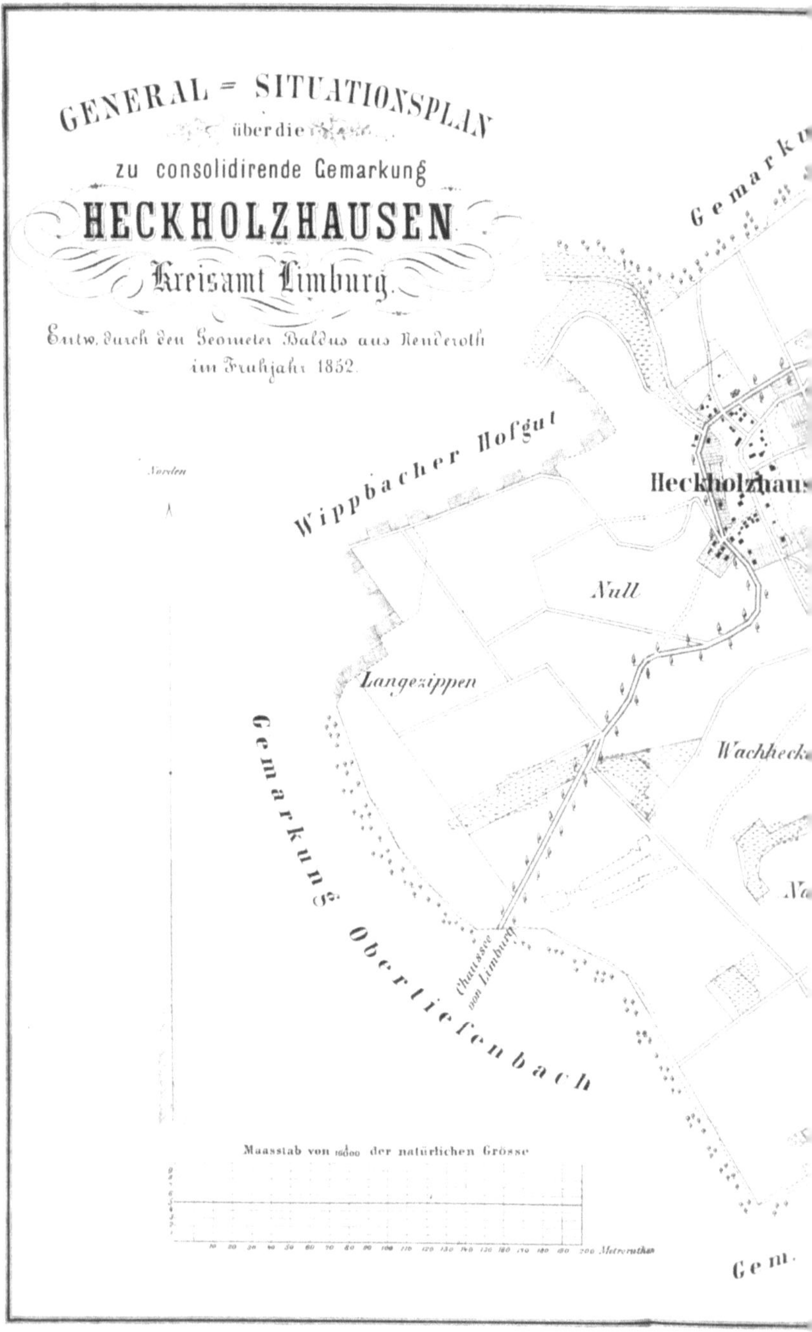
General = Situationsplan
über die
zu consolidirende Gemarkung
HECKHOLZHAUSEN
Kreisamt Limburg.
Entw. durch den Geometer Baldus aus Renderoth
im Frühjahr 1852.
Norden
Wippbacher Hofgut
Heckholzhaus
Null
Langezippen
Wachheck
Gemarkung Obertiefenbach
Chaussee von Limburg
Maasstab von 1/6000 der natürlichen Grösse
10 20 30 40 50 60 70 80 90 100 110 120 130 140 150 160 170 180 190 200 Metreruthen
Gem.

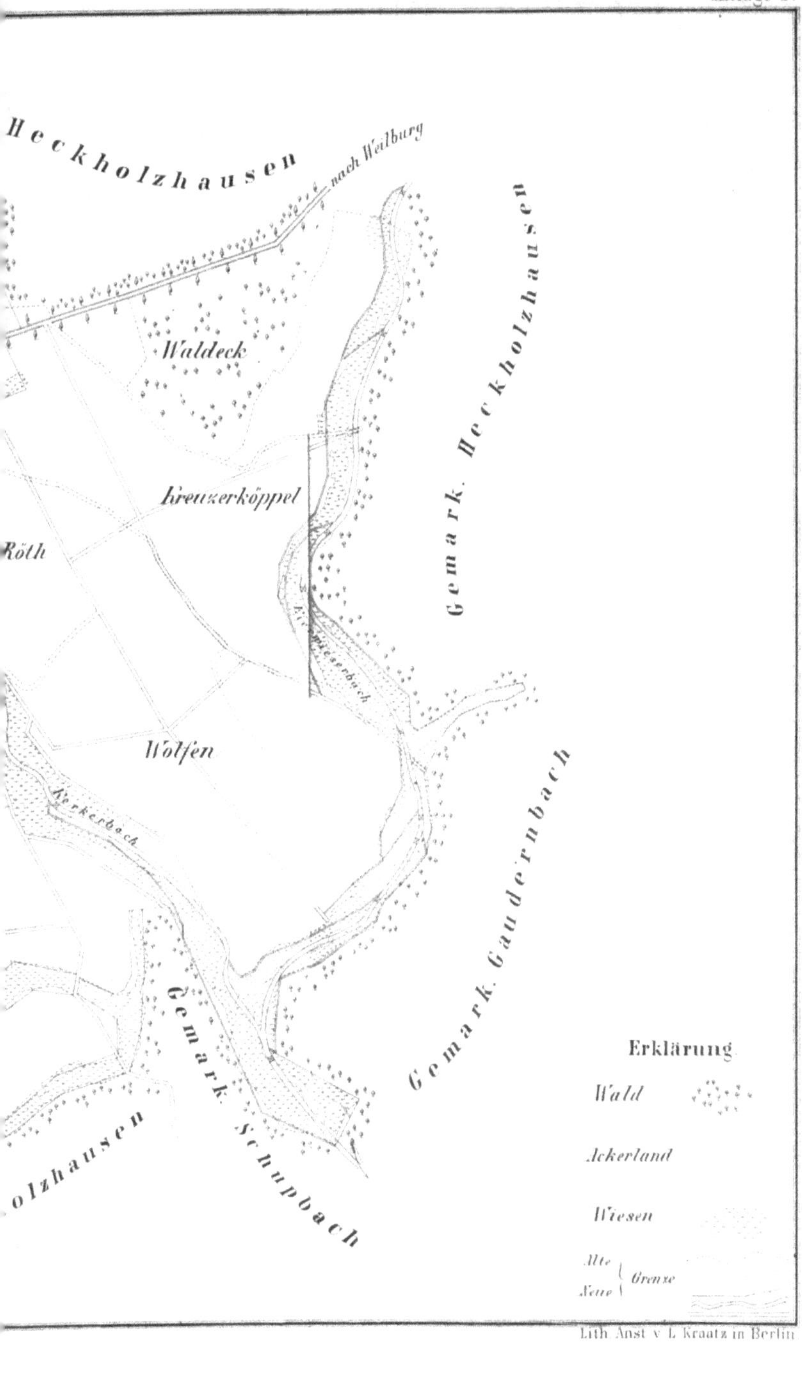

Lith. Anst. v. L. Kraatz in Berlin

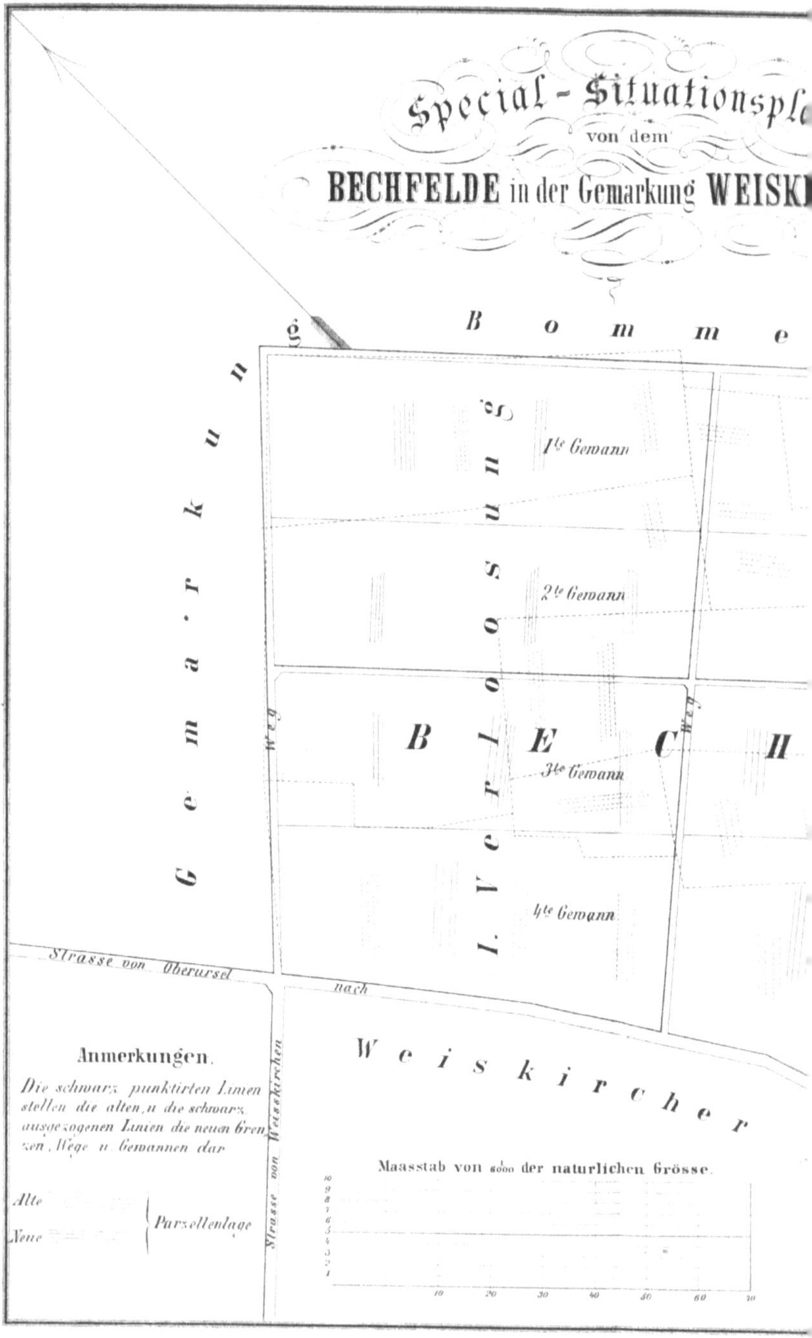
Special-Situationspla
von dem
BECHFELDE in der Gemarkung WEISKI
B o m m e
G e m a r k u n g
I. V e r l o o s u n g
1te Gewann
2te Gewann
3te Gewann
4te Gewann
B E C H
Weg
Weg
Strasse von Oberursel nach
W e i s k i r c h e r
Strasse von Weisskirchen
Anmerkungen.
Die schwarz punktirten Linien stellen die alten, u die schwarz ausgezogenen Linien die neuen Grenzen, Wege u. Gewannen dar.
Alte
Neue
Parzellenlage
Maasstab von 1/6000 der naturlichen Grösse.
10 20 30 40 50 60 70

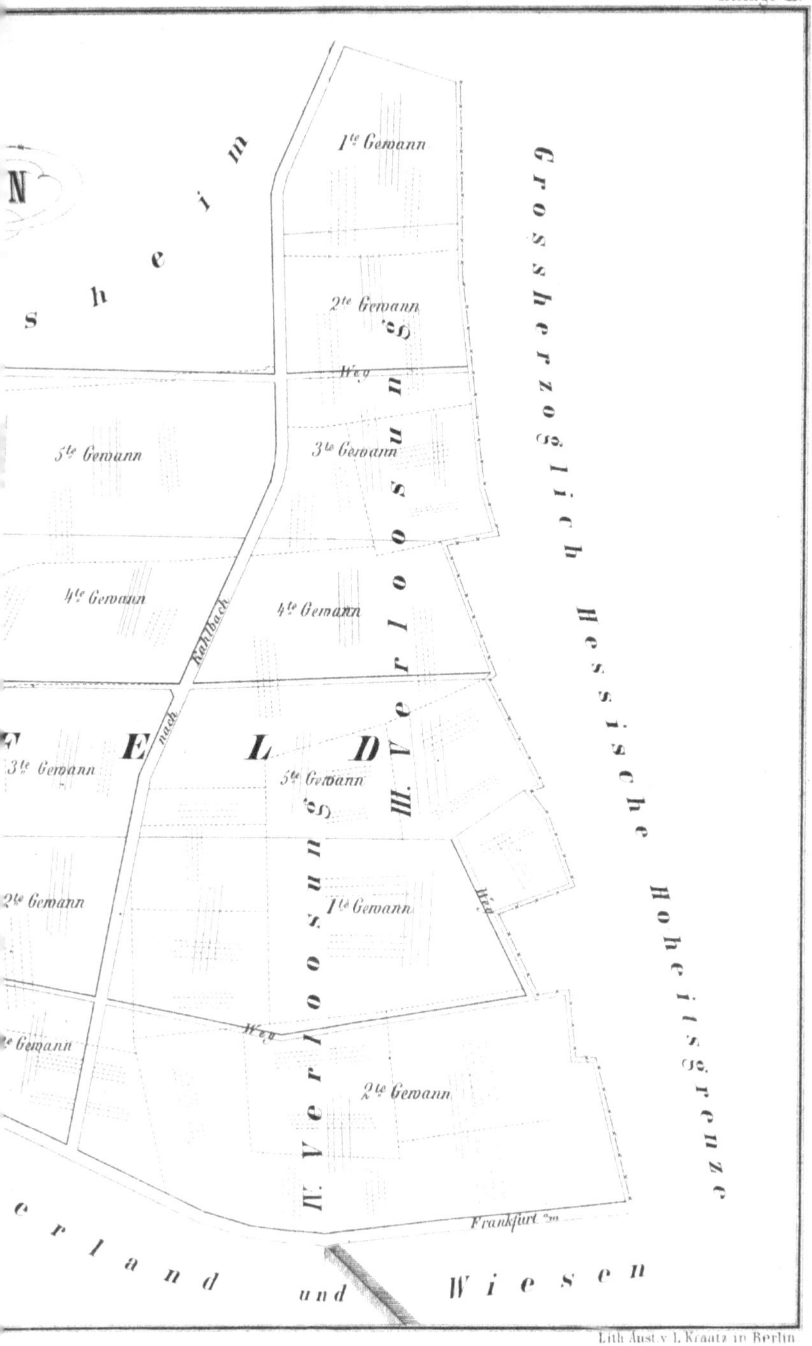

Lith. Anst. v. L. Kraatz in Berlin

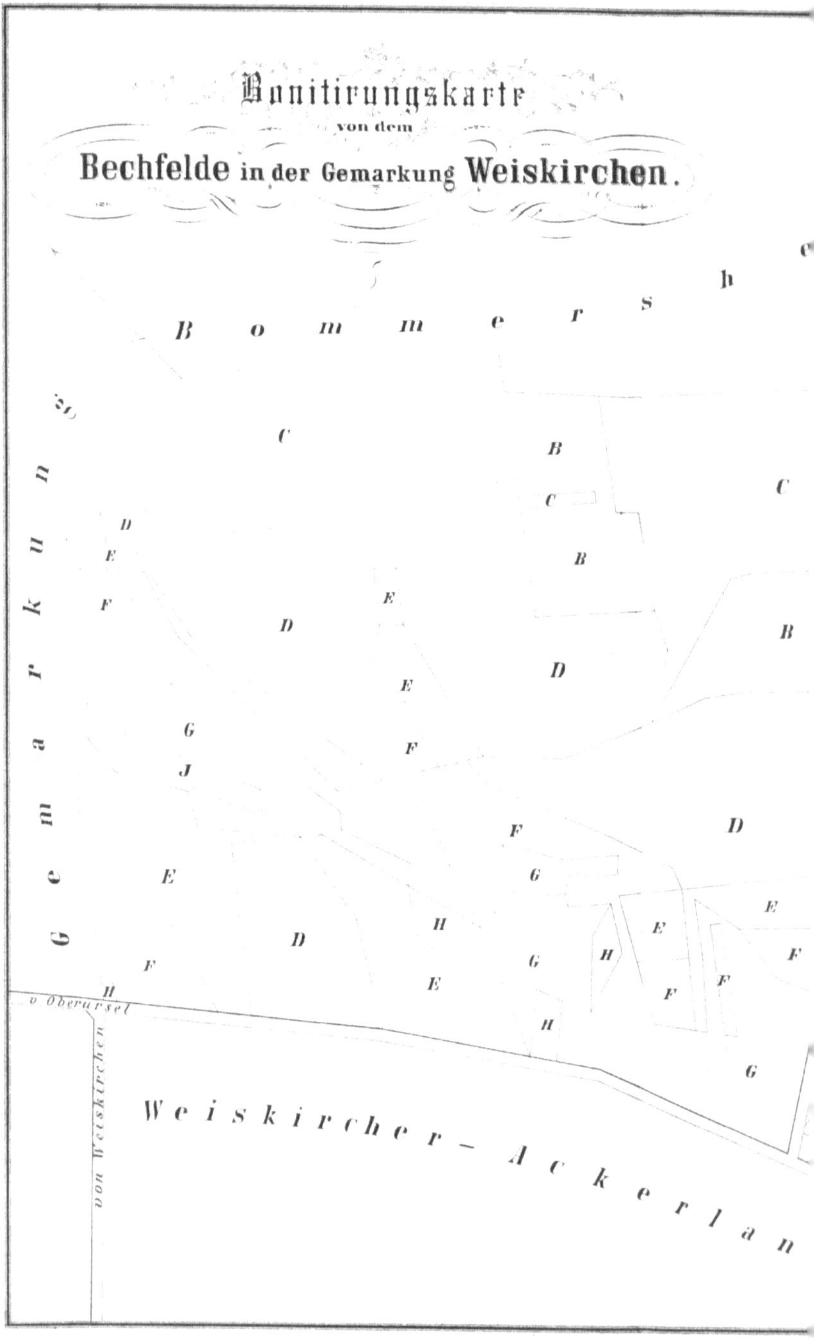
Bonitirungskarte
von dem
Bechfelde in der Gemarkung Weiskirchen.
Bommersh
Gemarkung
C
B
C
C
D
E
F
B
E
D
B
D
E
G
F
J
F
D
E
G
E
D
H
E
F
H
G
H
E
F
F
F
H
G
H
v. Oberursel
von Weiskirchen
Weiskircher-Ackerlan

Werthverhältnisse der Bonitirungsklassen.

1	Ruthe	A	zu	5 Fl.	30	Kr.
1	„	B	„	5	—	„
1	„	C	„	4	30	„
1	„	D	„	4	—	„
1	„	E	„	3	30	„
1	„	F	„	3	—	„
1	„	G	„	2	30	„
1	„	H	„	2	—	„
1	„	I	„	1	30	„
1	„	K	„	—	45	„
1	„	O	„	—	0	„

Bei der Zutheilung, wo der Anspruch nach den verschiedenen ***Bonitirungsklassen*** *nicht immer ganz genau ausgeliefert werden kann, komt auf den Grund der obigen Werthverhältnisse folgender Maasstab für die Ausgleichung in Anwendung.*

Es müssen gegeben werden:

Für 11	Ruthen der Classe	B	10 Ruth.	A
„ 10	„	C	9	B
„ 9	„	D	8	C
„ 8	„	E	7	D
„ 7	„	F	6	E
„ 6	„	G	5	F
„ 5	„	H	4	G
„ 4	„	I	3	H
„ 2	„	K	1	I

O wird gratis gegeben

	Morgen	Ruth.	Sch.
B	31	63	92
C	82	63	81
D	72	18	10
E	36	42	07
F	24	45	30
G	40	13	42
H	4	35	08
J	2	24	49
Sa	294	08	19

Lith. Anst. v. L. Krantz in Berlin.

PARZELLENKARTE von einem Theil des c

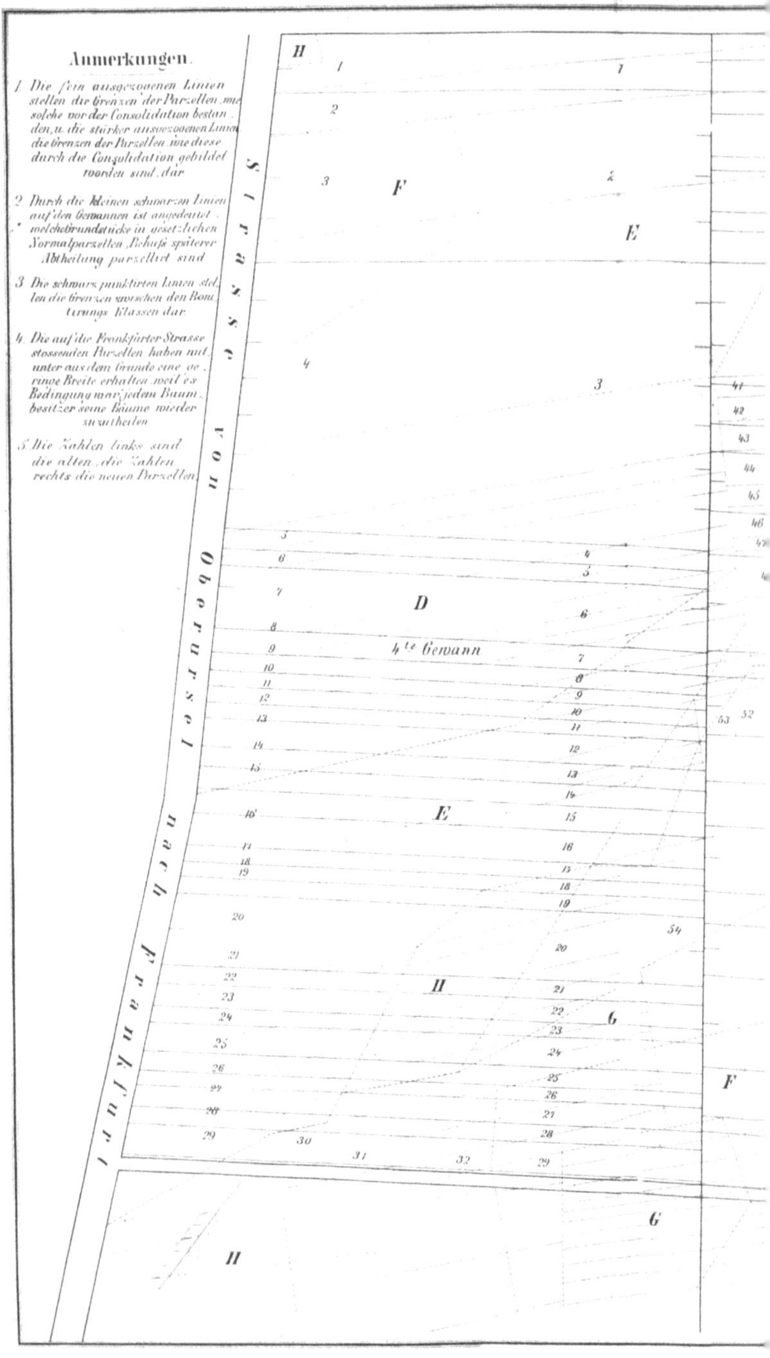

ten **BECHFELDES**, Gemarkung **WEISKIRCHEN**. Anlage IV.

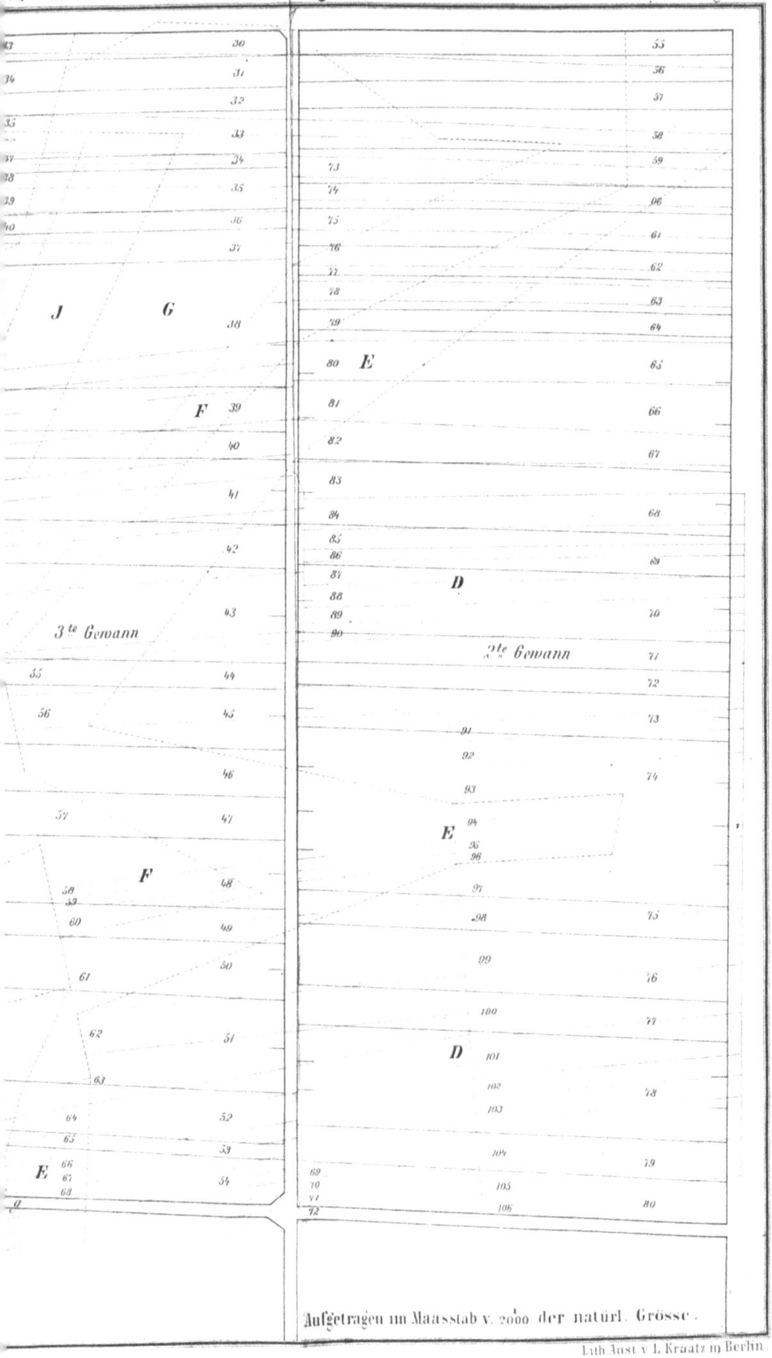

Lith. Anst. v. L. Kraatz in Berlin.

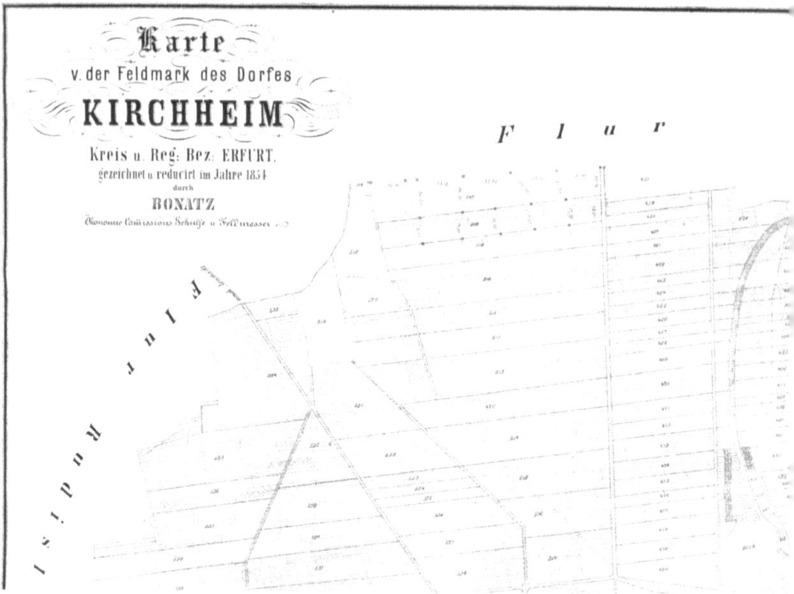
Karte
v. der Feldmark des Dorfes
KIRCHHEIM
Kreis u. Reg: Bez: ERFURT.
gezeichnet u. reducirt im Jahre 1854
durch
BONATZ
Flur
Flur Rudisl

Anlage V.

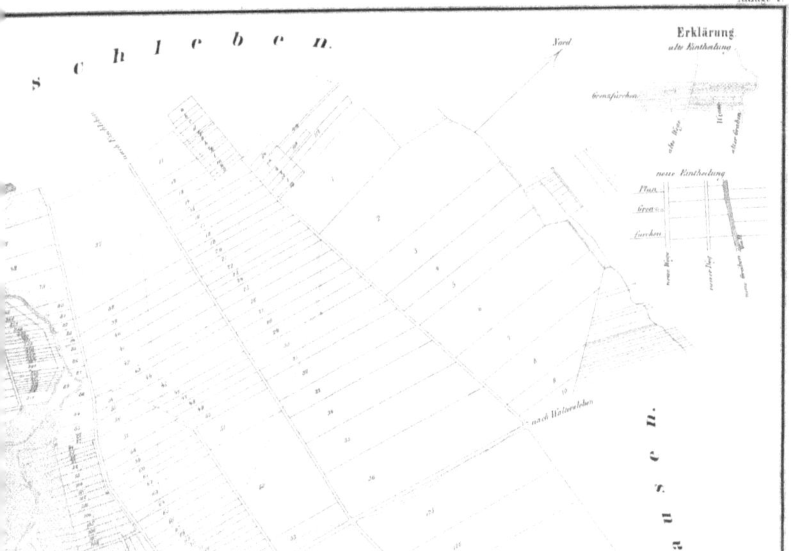
s c h l e b e n.
Nord
Erklärung
alte Eintheilung
Grenzfurchen
alte Wege
alter Graben
neue Eintheilung
Plan
Grenz
furchen
neue Wege
neuer Weg
neuer Graben
nach Waltersleben
h a u s e n.
flage

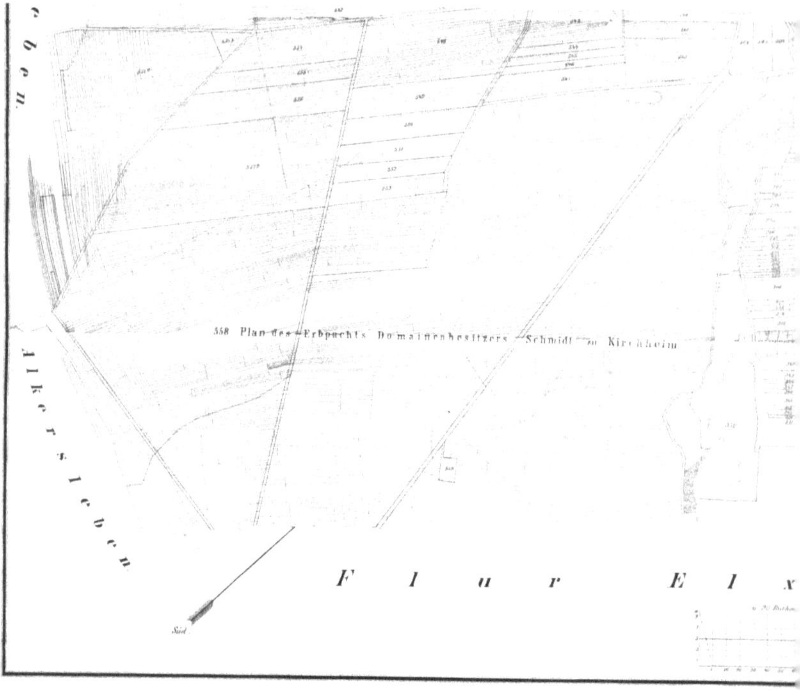

e b e n.
Alkersleben
358 Plan des Erbpachts Domainenbesitzers Schmidt zu Kirchheim
Flur Elx
Süd

Lith. Anst. v. L. Kraatz in Berlin

FSC
www.fsc.org
MIX
Papier | Fördert gute Waldnutzung
FSC® C083411

Kolibri 360 GmbH
Ferdinand-Jühlke-Straße 7
99095 Erfurt, Deutschland
produktsicherheit@kolibri360.de